W0352859

PAROLE DE RÊVEUR

DU MÊME AUTEUR
CHEZ LE MÊME ÉDITEUR

Les Grands Voyageurs, 1993.
Les Grands Aventuriers, 1994.
Les Grandes Stars de cinéma, 1995.
Les Voyageurs du rêve, 1996, en collaboration avec Christian Clères et Renaud Alberny.
Les Écrivains du rêve, 1998.
Amours... (histoires simples), 2001, en collaboration avec Christian Clères.
Tous les jours dimanche, 2001, entretiens avec Robert Doisneau.

Claude Villers

PAROLE DE RÊVEUR

Quarante ans de radio

Le Pré aux Clercs

N° d'éditeur : 186
ISBN 2-84228-194-2
© Le Pré aux Clercs, 2004
Tous droits réservés
www.lepreauxclercs.com

À Colette, mon épouse, qui n'ignore rien de ma vie,
À Monique Desbarbat et à Maïté Vasseur, qui en savent plus que moi sur ce qui suit,
À celles et à ceux qui m'ont supporté et soutenu tout au long de ces années,
À celles et à ceux que j'ai connus, avec lesquels j'ai pu travailler et que j'ai peut-être injustement oubliés dans ces quelques pages.

À la mémoire de Charline.

Pourquoi partir ? Pour mieux revenir.
Adage gitan

On peut voyager non pour se fuir, mais pour se trouver...
Jean Grenier

Le temps de rêver est bien court
Que faut-il faire de ses nuits
Que faut-il faire de ses jours ?
Aragon

On marche, on court, on rêve, on souffre, on tombe,
On monte, quelle est donc cette aube ? C'est la tombe.
Victor Hugo

Sommaire

Préambule

Bien sûr que je vais pleurer…

Bien sûr que je vais pleurer en rassemblant mes petites affaires, en lui disant une dernière fois au revoir, même si c'est moi qui la quitte, qui l'abandonne, qui la plaque après quarante ans de vie commune. Quarante ans ! Je n'arrive pas à y croire… Comment cela a-t-il pu durer autant ? Comment ai-je pu m'attacher à elle aussi longtemps ? Pourtant, on ne peut pas, à vrai dire, parler de coup de foudre. Qui plus est, je n'étais même pas attiré par son physique – un peu trop rond pour moi – à une époque où tous les journaux publiaient sa photo en première page et s'extasiaient sur ses formes, alors révolutionnaires. Mais avec le temps, je m'y suis fait et, au fil des années, j'ai succombé à ses attraits. Bien évidemment, comme tous les couples, nous avons connu des moments difficiles. Des instants de fâcheries, de bouderies et

même des séparations plus ou moins longues... Heureusement, jamais définitives.
Alors, bien sûr que je vais pleurer à l'heure de la séparation. Oh, nous resterons – du moins je l'espère – en bons termes ! Mais je ne sais pas si j'aurai la force de la revoir. Ou alors peut-être à la dérobée. Comme ça, en passant, presque par hasard : « Tiens, quelle surprise ! Comment ça va depuis... depuis si longtemps ? » Ou, au contraire, je ne pourrai pas me résoudre à l'éloignement et, très vite, je retomberai dans ses bras... Qui sait ? Non, je ne veux pas ! Il ne faut pas faiblir. Ce départ, je l'ai voulu ! Ne pas imiter ceux qui reviennent hanter leurs amours passées et emmerder les nouveaux soupirants. Ne pas s'accrocher désespérément. Il faut savoir s'effacer avant d'être rejeté. Laisser des regrets plutôt que des remords. Reconnaître, accepter l'usure de l'âge ; même si, c'est normal, on s'estime toujours le plus jeune des vieux !
Quarante ans ! Oui, j'étais encore si jeune lorsque nous nous sommes rencontrés. On pourrait presque l'accuser de détournement de mineur, vu l'âge légal de la majorité – vingt et un ans – en ces années d'autrefois. À l'époque, en ce mois d'avril 1964, lorsque je succombai aux charmes de celle que l'on appelait encore la Maison de l'ORTF, je n'avais pas vingt ans ! C'était hier... Le début d'une longue aventure.
Bien sûr que je vais pleurer.

1

L'Homme au masque de soie

Pour aller à la messe, mémère Marie met sa blouse du dimanche. Une bleue imprimée d'abeilles jaunes. Ça change de la noire à fleurs blanches de la semaine. Ses cheveux gris sont tirés en chignon. Elle porte autour du cou une chaînette dorée avec au bout, sur la poitrine, sa croix en or, souvenir – d'après elle – de sa lointaine communion. Son seul bijou, sa seule coquetterie. Enfin… mis à part le rouge accentué de ses lèvres et le rose appuyé des pommettes de son visage pâle de blonde du ch'Nord.

Pépé Jules, de son fauteuil, la regarde par-dessus son journal enfiler le vieux manteau anthracite à col de lapin des grandes occasions.

— Alors, tu te fais belle pour aller voir ton chéri ?

Mémère Marie frappe brutalement le sol du talon.

— Jules ! je t'en prie, arrête ça immédiatement...
Et, sans se retourner, droite de colère et de dignité, dans un bruit de clenche mêlé au chant lointain des cloches entré par la porte ouverte, elle sort, non sans avoir au passage saisi, sur la table couverte d'une toile cirée à carreaux beiges, son sac noir et son missel à la couverture usée.
Pépère Jules ne l'accompagne jamais. Ma cousine Marie-Françoise, une grande de douze ans, dit qu'il est comme son père un « bouffeur de curé ». D'ailleurs, les deux profitent de l'absence hebdomadaire de leurs épouses pour se retrouver chez Fraissin et s'affronter à la manille coinchée devant un Picon-bière. Pépère Jules rit dans sa barbe blanche – pas trop fort quand même – et alors que je me crois autorisé à l'accompagner dans son ricanement, il baisse son quotidien d'il y a deux ou trois jours et semble me découvrir en entendant mon hoquètement malingre.
— Ben qu'est-ce que tu fais encore là, toi ? grogne-t-il en fronçant les sourcils. Que va dire ta grand-mère ?
Et je me sauve en riant encore plus fort. En courant, je dépasse la vieille dame qui, un peu plus voûtée, marche lentement auprès de Mme Hautecœur, son aînée de quelques mois.
— Veux-tu bien te dépêcher, tu vas te faire gronder par monsieur le curé !
Et j'accélère ma course. C'est qu'à son insistance, je suis devenu enfant de chœur. Moi aussi, le dimanche, je dois me déguiser. Robe et calotte rouges de petit prélat, avec le surplis blanc à

dentelle ajourée, j'aime bien. Surtout qu'en semaine, la tenue de fond varie selon les cérémonies, enterrements ou mariages. Même qu'aux baptêmes, en plus, on a droit à des dragées et à des grandes pièces noircies de cinq francs (anciens) que mes parents et tous les vieux appellent encore des pièces de cent sous !
Mais la tenue que je préfère, je la porte le jeudi après-midi (notre mercredi d'alors). Je ne sais plus qui me l'a offerte. Tout à coup, grâce à elle, j'ai acquis un nouveau statut dans la vie de la cité (deux cents habitants) ! Le matin, je trépigne d'impatience de ne pouvoir la revêtir dès le réveil. Mais non, tout conspire pour retarder l'événement : toilette, s'habiller, dévaler ch'talus pour aller chercher le lait à la ferme de man' Clémence, avaler quelques tartines à la confiture avant de remonter prendre le petit déjeuner avec mémère Marie, sauter sur mon vélo pour porter son en-cas à pépère Jules, berger communal, dans son pacage à l'autre bout du village, revenir chez tante Stéphanie pour chercher la gamelle de l'oncle Albert, le couvreur, celui qui refait le clocher de l'église, en haut de la côte. Ça tombe bien, c'est déjà l'heure du catéchisme ! En revenant, ne pas oublier d'acheter du jambon et du pâté, en faisant attention à ne pas l'écraser en croix avec le Sandow trop serré sur le porte-bagages, passer prendre un gros pain chez le boulanger catholique.
Dans ce domaine, faut faire très attention : deux cents habitants ! Moitié papistes, moitié

parpaillots, une église, un temple, avec tous les commerçants et les artisans en double pour ne pas se mélanger, en évitant de franchir la frontière invisible séparant les deux communautés sous peine – surtout pour les gosses – de terribles représailles : frictions d'orties ou bain forcé dans l'abreuvoir ! Seule exception au bipolarisme : les estaminets (les bistros). Il y en a sept. Trois pour chaque religion (si je puis dire) et un « neutre », devant la mairie-école, pour l'arrêt du car d'Arras. Ici, la grêle et le crachin glacé obligent parfois à une brève indifférence. Ça et le vin d'honneur du 11 Novembre, offert par les élus de la commune, pourtant tout aussi divisés. Sauf le maire qu'ils ont choisi parce que – paraît-il –, comme l'instituteur-secrétaire de mairie, il serait franc-maçon ! Pourtant, il n'a pas l'air méchant... Monsieur le curé, il dit que ces gens-là ce sont des adorateurs de Satan et qu'ils se réunissent pour se saouler, leurs pieds sur un crucifix posé sous la table ! Chez nous, avant de couper le pain de deux livres du dîner (déjeuner), mémère Marie trace un signe de croix sur la croûte. Et même Jules, ce soir pour le souper (dîner), fera de même.
Pour en revenir à mon emploi du temps du jeudi, midi est déjà passé quand je rentre. Dans les assiettes creuses, la soupe aux vermicelles fume déjà.
— T'es encore en retard ! Où t'as encore traîné ? Tu crois qu'on n'a que ça à faire, à t'attendre ? Non, tais-toi, ça va refroidir !

Tant pis, je ne lui raconterai pas que j'ai un peu discuté avec pa' Léon, pour goûter les patates qu'il préparait dans une grande lessiveuse pour ses deux cochons. Vous avez déjà essayé ? Non, ça n'existe plus, mais ça ne ressemblait pas aux nôtres. Je me demande lesquelles je préférais. Peut-être quand même les frites quotidiennes de grand-mère. Elle les fait avec du saindoux. Le saindoux, ça sert à tout, même le matin, étalé sur la tartine avec du gros sel, une pomme de terre bouillie et ch'cafiot avec, pour Jules, les jours de grand froid, un jaune d'œuf et du genièvre dans le bol ! La soupe, le pâté, les frites avec le jambon, une salade de pissenlits, un bout de tarte, le tout vite avalé, il est temps de chercher ma panoplie préférée, rangée dans ma chambre. Je cours, je vole. Vite ! Le ceinturon blanc auquel est fixé le baudrier blanc, l'étui blanc à revolver (à amorces) et le bâton blanc, le képi blanc, les manchettes évasées blanches... mince ! où j'ai mis le sifflet à roulette ?... Ah, le voilà ! avec sa cordelette blanche... Un dernier regard au miroir de l'armoire, comme un acteur avant d'entrer en scène, et c'est parti !

— T'à l'heure !

Et le petit Claude, agent de police, saute sur son vélo vert pour gagner son poste, au carrefour principal où se croisent les routes d'Avesnes-le-Comte, de Wanquetin, de Bapaume et celle, baptisée Chemin de l'Égalité, conduisant évidemment aux cimetières (pluriel s'il vous plaît car il y en a plusieurs) catholique, protestant et militaires

– là aussi pluriel – où se mêlent les croix blanches barrées de tricolore des soldats chrétiens français, les pierres levées et gravées des Anglais, arrondies des Allemands ou droites ornées d'un croissant de nos troupes coloniales. Surtout des morts de la guerre de 14, avec un nouveau carré pour ceux de la dernière et un peu de place – peut-être – pour les prochains rapatriés d'Indochine, de Madagascar ou d'Algérie, qui sait…

Pour moi, c'est la seule attraction du village et je suis prêt à renseigner, du mieux que je le peux, les familles en pèlerinage. À mon regret, c'est la partie la plus infime de ma « mission » car ces « touristes » sont plutôt rares. Régler la circulation à cette époque ne m'accapare guère non plus. Quatre ou cinq voitures : la Celtaquatre du vétérinaire de Wanquetin, la Juva camionnette du plombier de Fosseux, la Traction du médecin d'Avesnes-le-Comte venu visiter un client à domicile, la Simca du représentant de Ricard ou la grosse Ford du projectionniste ambulant. Il y a aussi parfois « le » seul tracteur Massey Fergusson à cinq kilomètres à la ronde, la bétaillère du marchand de bestiaux d'Hauteville ou le camion bâché de Roland le maçon, avec ses manches de pelles ou ses fers à béton dépassant de la ridelle abaissée à l'arrière et ornés d'un chiffon rouge pour que les deux-roues se tiennent à distance. Car dans cette fin des années 1940, début 1950, l'essentiel se résume alors aux vélos (mon cousin Jacques possède même un demi-course au guidon recourbé) des ouvriers agricoles obligés de cavaler entre les différentes parcelles de leurs patrons, disséminées tout autour du village (personne ne songeait encore au remembrement futur), à quelques mobylettes noires ou bleues des propriétaires, et même à la moto Gnome-Rhône marron de Geneviève, l'infirmière en tournée de piqûres. Pour le reste, principalement des chevaux tirant des tombereaux ou des charettes débordant de betteraves, de blé ou de foin, selon les saisons ; et surtout des piétons. On marche encore beaucoup : les paysans en route vers leurs champs, des dames se rendant chez un quelconque commerçant ou Ferdinand, le garde champêtre, qui n'a jamais pu jouer du tambour comme le vieux Lucien, et qui annonce, arborant sa plaque « la loi », les décisions du maire ou du sous-préfet en frappant un large gong, souvenir de ses périples tonkinois : « Avisss à la population… » tous les dix mètres.

Mais chacun respecte mes moulinets et s'arrête à mes injonctions ponctuées des coups de sifflet réglementaires. Même les gendarmes d'Avesnes (à vélo eux aussi), leurs grosses sacoches brunes en travers de la poitrine, mettent pied à terre à mon commandement et en profitent pour que nous parlions entre « collègues ». Ah ça, pour parler, chacun de ceux qui passent par « mon » carrefour ne s'en prive pas et me raconte la vie, les événements des environs. Un arrêt pour le goûter (quand même) et vers 6 h 30, après le

passage de Baju, le car déversant sa cargaison de ceux qui travaillent à Arras (18 kilomètres), dont mes parents, je peux rentrer au soir couchant chez mémère Marie et, à toute la famille, rapporter les derniers potins de la communauté. Pendant que la vieille touille la soupe sur la cuisinière bois et charbon, je raconte. Tous m'écoutent en hochant la tête, posent des questions tout en dépliant leurs serviettes. Et en apportant la soupière fumante, mémère Marie ne peut, pour m'interrompre avant de remplir les assiettes, que dire : « Ah toi, tu n'es qu'un marchand d'histoires ! »
Avec le temps ça m'est resté.
C'est comme ça qu'un jour j'en ai fait un métier.

⁂

Je suis un maladroit chronique. Ne me confiez jamais un vase de l'époque Ming, je risque de le casser. Rassurez-vous – si je puis dire –, la valeur de l'objet n'est absolument pas en cause. Je peux très bien réussir l'exploit avec une assiette de « Tout à un euro ». N'y voyez pas non plus une irresponsabilité totale. J'ai beau le déplorer, tenter de m'améliorer, je suis totalement incapable d'exercer une quelconque activité manuelle. Encore aujourd'hui, je bataille des heures durant avec l'emballage d'une plaque de chewing-gum et, sans l'aide précieuse de ceux qui m'entourent, je serais incapable d'écouter un CD protégé par un de ces maudits « blisters ».

Chaque jour, je peste, je rage, je jure contre la manie d'emballer étroitement de plastique les objets usuels. Je ne sais pas s'il existe un monsieur Blister, mais je le hais, le maudis jusqu'à la fin des temps. Moi qui suis gourmand, il m'est même arrivé, voyageant seul en train, d'abandonner un sandwich SNCF au préservatif inviolable par des gens comme moi. Remarquez... justement, c'est peut-être parce que je suis gourmand.
Incapable en tout ! Pourtant, je fais des efforts. En emménageant dans un nouvel appartement, je tente bien d'installer la tringle des doubles rideaux de la chambre. Loupé. Durant plus de vingt ans, jusqu'au prochain déménagement, je supporterai, et les autres avec moi, tous les soirs, le déséquilibre engendré. Idem avec une serrure, montée à l'envers et toujours en place dans ma maison de campagne. Au bureau, c'est pareil. Je ne sais pas brancher les magnétos, les récepteurs sans provoquer un court-circuit, ranger les livres sans que l'étagère s'écroule, pianoter sur un simple fax sans qu'il tombe en panne ! Alors vous pensez bien qu'on m'interdit de toucher à l'ordinateur, d'envoyer un mail ou d'effectuer toute forme de manipulation informatique. À l'époque glorieuse du montage aux ciseaux, je ne manquais jamais de me couper et, à New York, il a même fallu me transporter à l'hôpital. Mon épouse est devenue la reine du tournevis et, grâce à ça, mes collaboratrices gardent la main sur le téléphone, prêtes à appeler les pompiers de

Radio France ou son service médical dès que j'ai le malheur de vouloir grimper sur une chaise. Chœur des vierges (enfin, façon de dire, car ces dames sont mariées et je ne préjuge pas...) : « Nooon... ». Il y en a toujours une pour accomplir la manœuvre envisagée et, surtout, on me fiche une paix royale ! On ne me demande jamais aucun service. Bel alibi pour un fainéant. Ce qui n'est même pas le cas !

Mon père me prédisait sans cesse que si je continuais de rêvasser à l'école, ou à lire, chez nous, mes « illustrés », je ne ferais jamais rien de mes dix doigts. Pire, lorsque je lui ai déclaré, à onze ans, que plus tard, quand je serais grand, je voulais devenir « journaliste », il m'annonça ma fin future sur l'échafaud ! Faut dire que lui n'avait aucune idée de ce que cela signifiait, journaliste ! Et moi guère plus, si ce n'est en tant que lecteur assidu, chaque semaine, de *Tintin*.

Journaliste, j'en rêvais. Pas pour interviewer le président de la République ou analyser pertinemment la marche du monde. Non ! Mais pour le parcourir en tous sens, ce monde. Les albums de mon héros que m'offrait mamy, une autre grand-mère, me le racontaient si bien : Tintin en Amérique, au Congo, au pays de l'Or noir, en Chine, chez les Picaros ou en Syldavie et même sur la Lune. D'ailleurs, toute ma vie s'est écoulée à l'imiter. Grâce à ma profession, je n'ai fait que suivre les traces de mon idole : USA, Afrique, Moyen et Extrême-Orient, Amérique centrale, pays de l'Est, et j'ai même eu l'impression de

marcher sur la Lune en traduisant pour Inter la célèbre phrase de l'astronaute Armstrong : « Un petit pas pour l'Homme, un grand pas pour l'humanité ». Ou quelque chose d'approchant ! C'était en juillet 1969, à quelques heures du jour de mes vingt-cinq ans. Je me souviens même du nom du technicien qui m'accompagnait : Serge Raoul. Comme il y a prescription, je peux vous dire qu'en sortant on l'a arrosé, mon quart de siècle ! Certainement mon plus bel anniversaire.
À l'origine, je n'aurais jamais dû le célébrer ainsi. Bref, mon père avait d'autres ambitions pour moi. Au moment de l'examen d'entrée en sixième, alors que je désirais toujours devenir journaliste, il m'annonça que « le lycée, c'était pas pour des gens comme nous ». Et après avoir brillamment remporté l'épreuve du certificat d'études, à quatorze ans, je me suis retrouvé derrière un bureau, face à un mur, à l'agence AD 429 du Crédit lyonnais, à l'angle de la rue La Fontaine et de l'avenue Mozart, pour classer des bordereaux par genres et par couleurs.
— T'as pas à t'en faire, si tu réalises ce qu'on te demande, t'arriveras peinard à la retraite.
La sécurité de l'emploi et la retraite, c'est pas vraiment ce qui motive un gosse de quatorze ans ! Mais lui, il voulait un vrai boulot. Je me suis vu, à soixante-cinq ans, toujours face à une paroi ! Impossible. Alors, au bout de deux mois, je suis parti. Du Crédit lyonnais et de chez mes parents ! La fugue en toujours « mineur ».

Je croyais qu'ils me feraient rechercher. Mais non, j'étais libre. Oui, mais comment subsister ? À ma manière, je savais me servir de mes mains. À l'école, en butte aux moqueries de mes petits camarades, je pratiquais la lutte à l'ACBB pour pouvoir, un jour, leur casser la gueule. Bien sûr, je n'ai jamais mis mes résolutions en pratique mais, d'un sport amateur, j'ai tenté le professionnalisme : le catch. Pendant quelques mois, j'ai exercé mes talents comme « baron » dans une baraque foraine, allant de quartier en quartier. « Baron », c'est le type qui, dans la foule des spectateurs, lève la main le premier, lorsque l'aboyeur sur l'estrade fait la parade, présentant les terreurs en maillot, énumérant leurs atrocités et demandant à la cantonade : « Avec qui voulez-vous lutter ? » Là, il ne faut pas traîner. Devancer les « vrais » amateurs pour ne pas qu'ils se fassent casser la gueule ou qu'ils fassent bobo aux pros du ring. Vaut toujours mieux que ça se passe en douceur. Dans ces cas-là, une manchette ou un double nelson, ça ne s'applique pas de la même manière.

Pour mieux tromper son monde et ne pas se faire repérer par ceux qui traînaient trop longtemps aux abords, on changeait de vêtements et même on se déguisait. Un coup en soldat, un coup en curé. Le curé, ça marchait fort. Peut-être mes souvenirs d'enfant de chœur. Surtout que ça venait peu après 1954 et les exploits de l'abbé Pierre au *Quitte ou double* de Zappy Max sur Radio Luxembourg (l'actuelle RTL). Enfin, j'aimais bien. Le bonimenteur sur les planches débitait son petit laïus (le bon peuple pensait que ça ferait un peu d'argent de poche pour l'appelé ou les bonnes œuvres du prêtre), vantait les mérites et la bravoure du faux quidam et lui lançait la chaussette pleine de sable le désignant comme adversaire de la brute à la carrure impressionnante. Trois ou quatre candidats du même tonneau, roulements de tambour et l'habituel « Entrez... entrez... ». La petite foule amassée se dirigeait vers la caisse avant de voir l'affreux se faire massacrer par le souffreteux. Ou le contraire.

Je ne devais pas être trop mauvais à faire semblant car, un jour, un copain m'a proposé de grimper d'un cran, en « tirant » en « lever de torchon » (premier combat pour chauffer la salle) dans une véritable équipe de catch. Le « match maker » (organisateur) m'a affublé d'un bas de soie (qui déformait les traits du visage) noir avec des trous pour les yeux, les narines et la bouche, en me racontant que les flics rhénans (je ne me souviens plus de quel côté du fleuve) couraient depuis quelque temps derrière un type qui agressait les femmes pour les tuer et les violer (je ne me souviens plus dans quel ordre). Toute la presse en parlait.

— Tu vas voir, a-t-il ajouté. Elles vont toutes hurler en te voyant apparaître !

Ça n'a pas raté. C'est comme ça que je suis devenu « L'Homme au masque de soie ». Un méchant qui tapait sous la ceinture de son adversaire, un bon en maillot blanc (un blondinet, la moitié de mon poids, champion d'Écosse, en fait venu de Montreuil), ou frappait l'arbitre lorsqu'il se montrait trop curieux. Après une demi-heure d'atrocités, c'était le bien qui l'emportait sur le mal par un subit retournement de situation, un réveil miraculeux après le plein de coups en tous genres. Voilà que, malgré mes cent kilos, il me soulevait du sol et me projetait en dehors des cordes. « Chiqué, chiqué, chiqué ! » hurlait le public en furie tandis que je tombais sur le ciment. Le silence se faisait quand les soigneurs me relevaient et que les premiers rangs pouvaient nettement observer une tache de sang s'élargir sous ma cagoule et qu'ils devaient me soutenir pour regagner les vestiaires.

— T'as vu ?

Là, il ne me restait plus qu'à me doucher et partir boire un verre avec mon vainqueur, au bistro du coin. En copains. Bien sûr qu'il y avait un truc. Mais ne comptez pas sur moi pour vous le dévoiler. C'est comme si un illusionniste vous montrait comment le lapin disparaît dans le chapeau. Et puis, comme disaient Mir et Miroska, duettistes au music-hall de la transmission de pensée, à la fin de leur numéro : « Peut-être qu'il y a un truc, mais s'il y en a un, c'est encore plus fort. »

Parfois, je me produisais en catch à quatre avec un autre horrible de mon acabit : « Les Frères masqués » contre deux « voltigeurs » tout en candeur et en innocence. On arrivait dans la lumière, en blouson noir et chaîne de vélo à la main, sous les huées de la foule, provoquée par ces signes ostensibles des délinquants qui défrayaient la chronique. Le tout sur la musique de *Rock around the clock*. Pour beaucoup d'adultes d'alors, l'hymne des voyous du moment. Cette musique dégénérée, symbole d'une jeunesse « irrémédiablement pervertie » d'après certains quotidiens.

Il y avait aussi les tournées. C'est ainsi que j'ai découvert en partie ce pays. On voyageait avec les autres brutes, en autocar. Seules les stars possédaient une voiture. Mais nous, les petits, les humbles, on roulait dans notre vieux bus Citroën ou Chausson. Parfois, les étapes étaient assez éloignées les unes des autres ; alors, on dormait, on parlait, on chantait des chansons cochonnes, comme des mômes en route pour les colonies de vacances. Mais surtout, mes copains armoires à glace lisaient. Ils lisaient énormément. De tout. De Jean Bruce (OSS 117) à Sartre, en passant par Mauriac ou Delly, Paul Morand ou Maurice Dekobra. Après avoir terminé l'ouvrage, ils se tournaient vers moi qui m'ennuyais dans mon coin, me le tendaient en disant avec un sourire : « Tiens, tu devrais lire ça… » Et c'est ainsi que j'ai découvert la lecture. Une lecture dans le désordre, d'un auteur à l'autre. D'un essai à un polar, d'un traité de philo à un bouquin de cul, d'un roman à des récits de voyages.

De quoi ne pas me faire oublier ma vocation première : le journalisme.

⁂

Entre deux combats, je faisais garçon de café. Ici ou là. À Paris ou en province, selon la saison. L'autoroute du sud n'existait pas encore. L'été, pour les grandes migrations, quand on travaillait dans une des villes étapes de la nationale 7, les pourboires tombaient aisément dans les soucoupes. Cette année-là, 1958 ou 1959, je m'échinais, dans la chaleur du Midi, au café de la Renaissance à Saint-Maximin-La-Sainte-Baume (Var), donnant sur une grande place couverte de platanes où s'étalaient les terrasses d'une multitude de gigantesques brasseries. Chacun alignait ses tables, ses chaises et ses parasols en trois sections. L'une près de la porte, une autre après la rue où passaient les bus et les autos, et la dernière plus loin, au centre du terre-plein, jouxtant celle du voisin d'en face, là où les parasols changeaient de couleur. Nous devions être une douzaine de serveurs dans chaque bistro à suer sang et eau sous le cagnard, portant à bout de bras nos plateaux surchargés.

À l'intérieur, nous hurlions nos commandes aux *barmen*, nous disposions la marchandise au mieux de l'équilibre nécessaire de notre plateau. Après, il fallait prendre la file d'attente avec ce poids sur la main gauche, jusqu'à la comparution devant l'œil sévère de Mme Andrée, la caissière, et lui énumérer les détails de notre cargaison, tandis qu'elle tapait sur les touches d'une antique enregistreuse (qui aujourd'hui vaudrait des milliers d'euros chez un brocanteur) les tarifs qu'elle connaissait par cœur. C'était prodigieux. Avant même que la machine affiche le total et que résonne le *cling* ! annonçant l'ouverture du tiroir, elle hurlait la somme. Vite, nous saisissions les billets dans notre gros portefeuille noir, à côté des verres et des bouteilles, et nous devions la payer avant de disparaître vers notre destin et nos consommateurs, les tickets du tarif officiel à la main. Je dis officiel car, dans le cas de touristes de passage, lesdits tickets, chiffonnés à la hâte, disparaissaient dans les poches de nos vestes blanches, nous permettant d'augmenter légèrement (hum !) le prix réel. Je sais, c'est pas beau. J'étais jeune et mes mauvais camarades m'avaient ainsi conseillé. Vous pouvez toujours me faire un procès mais, en droit, l'accusateur doit apporter les preuves. C'était il y a si longtemps… pour un boulot aussi harassant. Fallait pas être feignant. Déjà, ceux de l'ouverture du matin devaient arroser la terrasse, puis sortir et installer le matériel. En tant que client, je préfère les chaises en osier, mais pour « un de la limonade » c'est bien lourd. Et les guéridons en marbre avec pieds en fer forgé. Et les parasols ! Ça pèse, un parasol, surtout s'il a plu la veille et que la toile n'est pas sèche. Alors vous pensez, une douzaine ! Le soir, *bis repetita* dans l'autre sens. Tout ranger, empiler dans la grande salle jusqu'à demain, pour recommencer. Dans la journée, accomplir tous ces kilomètres, en sueur, dans l'uniforme de rigueur. Je me souviens, j'habitais une petite chambre au dernier étage de l'établissement. Les difficultés pour s'extraire des chaussures trop serrées, le Nylon du pantalon noir qui colle encore aux cuisses du petit gros que j'étais, avec ces maudites rougeurs du frottement incessant sous la trame des slips kangourous. Une horreur. Parfois, j'étais tellement fatigué que je me couchais tout habillé. Bien plus épuisant qu'une heure sur un ring. C'est sans doute pourquoi, aujourd'hui, même si le service est compris, je laisse toujours un généreux pourboire aux officiants des cafés ou des restaurants. Mon devoir de mémoire...

C'est durant cette saison que je fis, indirectement, mes débuts à la radio. Pour habituer les citoyens aux nouveaux francs de M. Pinay, Henri Kubnick avait transformé son émission de radio *Le Jeu des 100 000 francs*, en *Jeu des 1 000 francs.* Après l'avoir lui-même présenté quelques semaines, il avait cédé sa place à Roger Lanzac, le « grand sympathique » qui officiait lors des entractes du spectacle du cirque Pinder. Pour être sélectionné, les futurs candidats devaient découvrir, grâce à un rébus en fin de programme, enregistré la veille et diffusé avant le journal de 13 heures, un objet dissimulé dans la ville du jour et le rapporter à la caisse du chapiteau.

Mille nouveaux francs, comme on disait alors, c'était une sacrée somme en cette fin des années 1950. Même divisée par trois, car j'ai partagé avec mes renforts, deux profs du lycée de la ville. Car, bien sûr, j'ai, nous avons gagné ! Ce qui m'a valu, bien plus tard, dans les années 1990, la surprise de recevoir une invitation pour le rassemblement des gagnants survivants, à l'occasion du départ à la retraite de Lucien Jeunesse. Je n'ai eu qu'à descendre de mon bureau au studio 105 ou 106. Vous auriez vu sa tête en arrivant à ma hauteur dans les gradins ! Ce fut mon banco !

Pour ce qui est de Roger Lanzac, je l'ai retrouvé, en 1989 ou 1990, sur le marché de Sainte-Foy-la-Grande. Paisible retraité, il faisait ses courses. On a bu un café à la terrasse du bar des Arcades. J'ai laissé un bon pourboire au garçon…

⁂

« Les cons, ça ose tout, c'est même à ça qu'on les reconnaît. » Cette forte pensée, hautement philosophique, de Michel Audiard, exprimée par Lino Ventura dans les *Tontons flingueurs* (1963), me hante. Plus j'avance en âge, plus elle s'avère exacte, mais aussi plus elle me pose d'interrogations sur mes débuts. Car, à l'époque, je n'ai jamais douté et j'ai tout osé pour suivre mon chemin vers la réalisation de ma vocation. Alors, serait-ce que… ?

Au soir de ma vie, il me reste des questions auxquelles je ne connais pas de réponse. D'ailleurs, l'apprendrai-je avant de partir ? Ne répondez pas tous en même temps. La vérité, c'est que je suis entré dans cette profession pratiquement par effraction. Tout au moins par des méthodes pas orthodoxes, sur un chemin plutôt cahoteux. Suivez le guide...

Parallèlement à ma « carrière » dans le sport spectacle et, en saison, dans la brasserie, j'ai pu subsister en exerçant divers petits boulots. « Trente-six métiers, trente-six misères », comme le commentait mon père. Mon entraînement physique me permettait d'assurer parfois des remplacements de videurs dans des boîtes ou diverses manifestations. C'est ainsi, entre autres, que j'ai assuré le service d'ordre à l'entrée du studio public installé à la porte de Versailles, au Salon de la radio et de la télévision, pour canaliser la foule découvrant cette dernière invention récente. Ou alors pour escorter les stars du moment jusqu'au pont d'Argent, au centre du hall, où officiaient deux présentateurs, impeccables dans leurs beaux costumes bleus en rayonne : Claude Dupont et Jacques Chancel.

Au bout de deux ou trois ans, pendant lesquels je vendais des journaux à la criée à la Foire de Paris ou au Salon de l'agriculture : je continuais « Les cinq pour cinq francs, avec en prime... ». La revue en question s'appelait *Radio-Télé 58* (puis *59*, *60* et à présent *Télé 7 Jours*). J'étais persuadé de connaître assez bien mes deux interviewers vedettes pour leur poser la question de confiance. C'est ainsi que Jacques Chancel, sans doute amusé, m'invita à « piger » pour *Paris-Jour*, un quotidien (à présent disparu) où il régnait comme chef de rubrique. Ma spécialité : les échos et les reportages sur la télévision. Domaine encore peu exploité. Grâce à mes « connaissances », cameramen, machinistes, etc., rencontrés au Salon, et qui m'avaient invité, j'avais libre accès à Cognac-Jay, aux Buttes-Chaumont, où je passais mes soirées sans encombre, sans qu'on me demande quoi que ce soit.

C'était alors un tout petit monde. Une seule chaîne, en noir et blanc. Je suivais les tournages, les directs, puis rédigeais un ou deux articulets. C'est ainsi que j'étais présent le soir où la danseuse Jeannine Charrat fut brûlée vive par un chandelier mal placé. Quand je sortis, les pros, alertés et tenus à distance, m'alpaguèrent pour interroger leur témoin. Sur le trottoir, puis au bistro en face, je racontai, en gardant les détails pour « mon » journal. Je sympathisai avec mes « confrères ». Plus tard dans la nuit, au détour de considérations diverses sur le métier, j'appris qu'un nouveau canard, *Radio Magazine*, allait se lancer et recherchait des reporters.

Dès le lendemain, j'y fonçais et décrochais une entrevue avec le rédac chef. Rémy Le Poitevin m'écouta sagement tandis que je déroulais mon « expérience » à *Paris-Jour*. Puis, tout à coup, il se redressa dans son fauteuil et me regarda dans les yeux.

— Quel âge avez-vous ?

Sûr de ma carrure et de mon aspect, je mentis effrontément.

— Vingt-trois ans.

Mais je dus rosir. Il y eut un silence.
— Vous avez une carte d'identité ?
— Euh…
En rougissant, je la lui tendis. À la lecture de ma date de naissance, il me regarda, puis cria vers la rédaction : « Eh, venez voir, il n'a que dix-sept ans ! » Retourné sur ma chaise, je les vis tous m'entourer, me fixer et rire, rire… Je ne savais plus où me fourrer. Le « patron » cessa enfin de rigoler, ce qui fit taire les autres.
— Votre culot me plaît, dit-il. Je vous prends à l'essai… Si dans trois mois, vous confirmez mes espoirs et les vôtres, je vous engage définitivement. Vous commencez demain. En attendant, je vais vous faire visiter. Venez…
J'étais ravi. Trois mois plus tard, je signais ma demande de carte de presse (n° 20004). C'était en 1961.
J'avais dix-sept ans et demi et je n'étais pas peu fier de mon bout de carton aux rayures tricolores qui permettait alors, entre autres, de visiter les musées ou de pénétrer sur les quais de gare sans ticket. Déjà je montrais mes articles à tous mes copains et à Yolande, chez qui j'habitais clandestinement, dans sa petite chambre de bonne de médecin, avenue de Wagram. Maintenant enfin, j'étais devenu un « journaliste professionnel, dans les conditions définies par la loi… ».
Une nouvelle vie s'offrait à moi. Mais il me fallait choisir. Le catch, c'était quand même trois heures d'entraînement par jour. Désormais, plus

le temps. Nous n'étions pas très nombreux, rue Saint-Marc. Les reportages s'alignaient chaque semaine. Nous ne chômions pas. J'abandonnai vite ma cagoule pour visiter les coulisses des émissions qui me passionnaient ou les idoles du micro du môme élevé – mes parents n'avaient pas la télé et je ne la voyais que chez mes voisins, les Poirier – au biberon des ondes. La télévision, je l'aurais bien voulu, et, quand je réclamais, mon père me répétait que « évidemment, M. Poirier travaille à l'EDF, il paie moins cher son courant... ». Imparable. Sans cela, la télé (qui n'émettait que quelques heures par jour), je la regardais parfois chez ma tante Stéphanie dans ch'Nord, chez mon oncle Jacques, l'ancien pompier de Paris, ou, le plus souvent, dans la vitrine des revendeurs d'articles ménagers. Et enfin, dans les studios. Tandis que la radio...

2
Table ouverte

L'année 1962 fut une grande année pour le slow. Ça tombait bien, c'était à peu près la seule danse que je maîtrisais. Enfin, manière de parler. Danse... Pour beaucoup d'individus dans mon genre, cette musique autorisait un minimum de gesticulations et encore moins de chorégraphie ou de simples pas en mesure. Il suffisait, dès les premiers instants, de se rapprocher au plus près de sa cavalière et, progressivement, de s'encastrer au plus serré, et d'onduler à peine sous la mouvance d'une musique langoureuse en ne laissant rien ignorer du... pressant désir que la danse pouvait inspirer au monsieur. Alors, si elle ne rompait pas l'étreinte avec fermeté, si ses bras se nouaient derrière votre nuque, si elle vous permettait d'enserrer sa taille de vos mains pour qu'il ne subsiste aucune équivoque en la rapprochant encore, si son épiderme frissonnait sous le

souffle de vos lèvres sur les petits cheveux à la naissance de son cou, si... Que de signes à décoder avant de pouvoir se risquer à oser attaquer la commissure d'une bouche entrouverte ou mieux d'effleurer, presque par inadvertance, l'attache d'un sein, tandis que l'on évoluait dans la partie la plus sombre de la piste, persuadés d'être invisibles au regard des autres, alors que nous fermions les yeux sous l'audace.
Pour atteindre ce... paroxysme du plaisir des sens, il fallait agir vite car les chansons d'alors ne dépassaient guère les deux minutes, deux minutes trente ; mais si la belle gardait sa tête inclinée sur votre épaule en attendant le Platters qui suivait le Ray Charles, alors là... alors là... Peut-être tout à l'heure accepterait-elle de vous suivre jusqu'à votre... table, sa main dans la vôtre, pour boire un verre ou partager un baiser, une caresse furtive, avant de promettre de vous retrouver la semaine prochaine...
En juillet 1962, dans ce coin de Bretagne, j'entendais siffler le train avec Richard Anthony, la mer sans arrêt rouler ses galets avec Jean Ferrat, Charles Aznavour dans le petit bois de Trousse-Chemise, persuadé, comme lui, que l'Amour c'est comme un jour... L'été 1962, je croyais tout ce que l'on me chantait. J'avais dix-huit ans, c'étaient mes premiers congés payés de journaliste professionnel, et celle dont j'aimais tenir la main se prénommait Michèle. Comme dans la chanson des Beatles. Alors... l'avenir s'annonçait prodigieux. Du moins tout me

portait à le croire. Durant cette année là, j'avais été titularisé et j'avais découvert une autre vie. Évidemment, mon champ d'exploration se trouvait encore, loin des grands voyages, restreint aux portes capitonnées des studios des trois radios reçues dans toute la France ou presque.
À l'époque des grandes ondes triomphantes subsistaient toujours ce que les techniciens nommaient les « zones d'ombre » dues à un relief par trop accidenté, leur star étant sans conteste celle du Massif central. Alors chaque station, selon la position de son émetteur, « arrosait » surtout des régions privilégiées. Pour les périphériques, les antennes se situaient obligatoirement à l'étranger. Depuis la Libération, l'État détenait le monopole des ondes. Les radios privées, confisquées par les Allemands ou ayant collaboré durant l'Occupation, étaient interdites.
Radio Luxembourg émettait en français depuis le grand-duché et Europe 1 (nouvelle venue en 1956) depuis la Sarre (Allemagne). Leurs studios parisiens (rue Bayard pour l'une, rue François-Ier pour l'autre) étaient reliés à leur pays d'« origine » par câble, ce qui permettait au gouvernement de couper la liaison quand le ministère de l'Information estimait que les informations étaient « nuisibles » aux « intérêts de notre pays » et, entre autres, les éditoriaux défavorables à notre politique coloniale ! Mesure assez peu utilisée si l'on sait que la régie publicitaire de Radio Luxembourg dépendait de l'agence Havas (France) et qu'Europe 1 était

tombée dans le giron de la Sofirad (Société financière – d'État – de radiodiffusion), qui contrôlait aussi Radio Monte-Carlo (créée – durant la guerre – par les Allemands, leurs alliés italiens et les Français de Vichy !) et l'ancienne Radio Toulouse de Pierre Laval, rebaptisée Radio des Vallées d'Andorre (et devenue aujourd'hui Sud Radio) avec émetteur andorran. Radio Andorre, la radio nationale de la principauté d'Andorre, dont le co-prince (avec l'évêque d'Urgel) n'est autre que le président de notre République, bénéficiait de la même « autonomie ».

D'autre part, le rayon d'action de ces trois stations restait plus que limité : à la Côte d'Azur pour l'une, à la région Midi-Pyrénées pour les deux dernières ! En revanche, la « Radio d'État », grâce à son émetteur d'Allouis – au centre de la France – parvenait aux « quatre coins de l'Hexagone ». De plus, elle bénéficiait de l'appoint des ondes moyennes (ou petites ondes) véhiculant également d'autres programmes, les ondes courtes servant principalement aux émissions en direction de l'étranger.

La télé ne captait pas encore toute l'attention et c'était le « poste » de TSF qui trônait dans le salon, la salle à manger ou la cuisine des foyers français. C'était un gros engin à lampes qui reposait sur le buffet ou dans un meuble majestueux pour rappeler son importance. Tout de bois vêtu, il se parait, au niveau du haut-parleur, d'une toile grise semblable à un rideau de théâtre, au-dessus d'un cadran lumineux où tous les enfants décryptaient des noms de lointaines cités étrangères : Stuttgart, Sottens, Hilversum, Tirana, Moscou, Londres… le tout couronné, pour les plus modernes, du rond de lumière verte de l'« œil magique ». On pouvait y entendre (dans le désordre) *Sur le banc*, *La Famille Duraton*, *Ça va bouillir*, *L'Homme des vœux Bartissol*, le *Crochet radiophonique*, le *Tribunal de Leguignon lampiste* (offert par Boldoflorine, la bonne tisane pour le foie), *La Radio était là* (offerte par Astra, « vous voilà débarrassé d'un préjugé qui coûtait cher »), *Ploum Ploum Tralala*, le *Grenier de Montmartre*, *Quitte ou double*, le *Club des chansonniers*, *Les Mystères de Paris*, *42, rue Courte*, *Le Disque des auditeurs*, *Le Passe-temps des dames et des demoiselles*, *Vous êtes formidables*, *Rendez-vous à 5 heures*, *Radio-Pastiche*, *Philibert et Papa Pantoufle* (offert par les chaussons Jeva), *Les Beaux Jeudis*, *Reine d'un jour*, *L'Homme à la voiture bleue*, *Le Masque et la Plume* (eh oui, déjà), *Dix Millions d'auditeurs*, *Plate-forme 70*, *100 Francs par seconde*, *Malheur aux barbus* (devenu en passant de la Radio d'État à Europe 1 *Signé Furax*), *Pour ceux qui aiment le jazz*, *Salut les copains*, *Hélène et son destin* et bien d'autres que je n'ai pas oubliées. Aujourd'hui encore, je me souviens des indicatifs, des réclames et il m'arrive encore de les fredonner avec des amis de mon âge, lors des fins de repas.

À *Radio Magazine*, je pouvais accéder aux temples des émissions de mon enfance (un jour, gosse, j'ai même reçu une claque parce que

j'avais osé parler pendant *Quitte ou double*) ou aux toutes dernières nouveautés. Je rencontrais et j'interviewais les stars du moment : Jean Nohain, Jacques Bénétin, Jean-Jacques Vital, Armand Jammot, Zappy Max, Marcel Fort, Maurice Gardett, Pierre Dac et Francis Blanche, Roland Dhordain, Jacques Baudoin, Raymond Souplex et Jeanne Sourza, Pierre Doris, Raymond Devos, Pierre Bellemare, Franck Teno et Daniel Filipacchi, Fernand Raynaud ou Maurice Biraud... J'enquêtais sur l'horloge parlante (au quatrième top, il sera exactement...), la gagnante d'un jeu, le secret des Templiers ou les premiers radio-guidages...
1962, c'est aussi l'année de l'indépendance de l'Algérie, l'arrivée du premier aéroglisseur pour traverser la Manche, l'ouverture du tunnel du mont Blanc entre la France et l'Italie, le concile Vatican II, la sortie sur les écrans du premier James Bond et de *Jules et Jim* de Truffaut, la mort de Marilyn Monroe, le prix Nobel de littérature décerné à John Steinbeck, dont je venais juste de lire *Les Raisins de la colère*. Tout cela sur fond de « guerre froide » soudain ranimée depuis qu'en février un avion espion américain avait découvert des bases de fusées soviétiques sur l'île de Cuba. La menace d'un conflit nucléaire mondial se précisait. Déjà, des dizaines de milliers de GI se massaient dans le sud de la Floride, tandis que la Navy organisait un blocus maritime. Ça tempêtait à l'ONU. En Europe, on recensait les abris anti-atomiques et en France on

en installait sur le chantier de la future Maison de la Radio. Ce fut d'ailleurs un de mes derniers reportages pour *Radio Magazine*, qui connaissait quelques difficultés financières, suite aux investissements hasardeux du propriétaire – entre autres dans un célèbre club de football olympique de Marseille –, dont je tairai le nom.

Dès mon retour de vacances, je me doutais de ce qui m'attendait. Ça n'a pas manqué. Le « groupe » se repliait sur une fusion des deux titres, avec une rédaction quelque peu réduite. Donc les plus jeunes et les moins anciens dans la boîte devaient partir. Premières indemnités de licenciement. Un an, c'est pas très cher. Pratiquement rien.

Le 28 octobre, les deux K (Kennedy et Kroutchtchev) parvenaient à un accord. Le monde était sauvé du désastre, ai-je appris par la suite. Car, en cet automne, mon devenir s'assombrissait, même si ma confiance en des jours meilleurs ne faiblissait pas sur les sentiers de la recherche d'un nouvel emploi.

⁂

José Artur, mon « maître en radio », celui qui m'a tout appris en ce domaine (et dans bien d'autres), m'a confié un jour, au début de mon « apprentissage » : « Pour réussir dans ce métier, il faut impérativement remplir deux conditions : être en bonne santé et arriver à l'heure ! Le reste n'est qu'une question de chance. » Pour ne pas avoir connu assez tôt cet adage, j'ai bien failli ne jamais entrer dans la Maison ronde. La bonne santé n'était pas un problème. Mais pour mon premier rendez-vous avec le nouveau directeur de France Inter...

Heureusement, le facteur chance m'a aidé.

La presse écrite, dans le creux de la vague, subissait depuis quelques mois nombre de revers et les quotidiens disparaissaient des kiosques les uns après les autres. La presse, foisonnante au lendemain de la guerre, se réduisait petit à petit. Adieu *Franc-Tireur*, *Ce soir*, *Libération* (l'ancien, celui de d'Astier de La Vigerie) et bien d'autres. Ou alors, se pratiquait ce que l'on appelait la « jaquette » : le titre devenait le sous-titre d'un plus fort. On publiait deux éditions. L'une normale et l'autre « enveloppée » d'un « tiré à part » de quatre pages rappelant la « une » et les principales rubriques du plus malchanceux. Ensuite, enfin, et à mesure que le lectorat oubliait (ou mourait), les différences (et le nom) s'estompaient et disparaissaient. Par le passé, *L'Aurore* a procédé ainsi avec *Le Matin-Le Pays**.

Évidemment, pareille opération conduisait à une réduction drastique des effectifs.

— Vous comprenez bien qu'on ne peut pas vous garder...

* Plus tard – dans les années 1970 – *L'Aurore* connaîtra le même sort, absorbé par *Le Figaro* (qui continue à publier une édition réduite : *Le Figaro-L'Aurore*).

À la rigueur (sic), les groupes procédaient par petites touches. D'abord, les plus jeunes, les moins gradés et les derniers entrés, donc les moins chers à licencier.
À nouveau, ce fut mon cas – en 1963 – à *Paris Presse*, où j'avais trouvé refuge après l'épisode *Radio Magazine*. Pierre Lazareff, le propriétaire de la Franpar, avait décidé de le marier de force avec l'autre fleuron du groupe France Soir, arborant alors encore fièrement la mention – en bandeau à la une – de « seul quotidien français tirant à plus d'un million d'exemplaires ». On sait ce qu'il en est advenu aujourd'hui ! En attendant, pour moi c'était la rechute. Plouf... Piges à gauche et à droite dans des magazines ayant tous disparu depuis longtemps : *La Presse*, *La Vie parisienne*, *Music-Hall*, *Cinémonde*, *Tilt*, *Disco Revue*, etc.
Même du rewriting à *Ici Paris*. À cela s'ajoutait une collaboration à Pilote-Production, la boîte de production de Gérard Sire, produisant – entre autres – les scopitones et l'émission d'Europe 1 du dimanche matin : *L'Équipe n° 1*, avec Jean Yanne et Jacques Martin. Une très bonne école, m'ayant donné envie de continuer dans la radio.
À la séparation des deux compères, j'avais même suivi Jacques Martin sur Radio Luxembourg dans *Entrez sans frapper* (le samedi après-midi). Lorsque j'appris la nomination de Roland Dhordain à la direction de ce qui deviendrait France Inter, je n'hésitai pas une seconde. Je l'avais interviewé pour *Radio Magazine* alors qu'il n'était

encore que le producteur délégué de *Route de nuit*, l'émission nocturne de Paris Inter, dans les bureaux inconfortables de la rue Armand-Moisant, près de la gare Montparnasse.
— Allô, monsieur Dhordain, s'il vous plaît... Merci... Bonjour, monsieur, je m'appelle Claude Villers, je ne sais pas si vous vous souvenez de moi, je vous... Comment ?... Oui, c'est ça, un petit gros... D'accord, à la semaine prochaine... Au revoir.
Boum... Pourquoi ? Je ne sais toujours pas. La chance... J'étais excité comme une puce. Pourtant, j'ai bien failli ne jamais connaître mon patron.
La veille du rendez-vous, les deux petits camarades, journalistes également, avec qui je partageais un vaste appartement dont nous devions être expulsés dès le printemps venu car incapables de le payer, m'apprenaient qu'eux aussi avaient retrouvé du travail. L'un aux Actualités cinématographiques Gaumont, l'autre chez Pathé Cinéma. Bon sang, nous devions arroser cela ! Tant il est vrai que le plus grand risque de ce métier reste l'alcoolisme de bon aloi. La tentation est grande et les occasions sont multiples : boulots dénichés, inauguration de ceci ou de cela, scoop inattendu, entractes de guerre, planques interminables, départ à la retraite, arrivée d'un nouveau, entretiens dans des bars, des hôtels, bouteille à son nom dans des boîtes de nuit, confidences humides d'un aîné, souvenirs de guerre... De même qu'il existe

toujours une confiserie près d'une école, on trouve toujours une « annexe » en face d'une rédaction.

Plusieurs fois, j'étais tombé dans ce genre de traquenard, mais j'avais toujours réussi à rester digne ou à faire semblant, même avec des soiffards réputés. Sauf une fois... Ma première véritable cuite. L'hiver 1962 ou 1963. J'avais tellement bu que je ne sais plus exactement. Je me souviens de la neige sur la route de Bruxelles. Surtout à l'aller. Car au retour, je crois que je dormais dans la Mercedes de Félix Vitry, le directeur de Bobino, où, pour gagner quelques sous supplémentaires, je rédigeais les notices biographiques des artistes dans les programmes vendus par les ouvreuses. Les quelques lignes sous les photos, lues avant ou après le spectacle. Au mois de février, Édith Piaf devait figurer à l'affiche du vieux music-hall de la rue de la Gaîté. Elle rodait – comme c'était alors la coutume – son tour de chant dans la capitale belge. Vitry m'avait proposé de l'accompagner pour un dîner. J'avais sauté sur l'occasion. Piaf, mon idole, dont la photo ornait bien entendu le fond du couvercle de mon pick-up ; Piaf que j'avais déjà vue sur scène ; Piaf dont je possédais tous les disques ; Piaf chez qui je m'étais déjà rendu deux fois boulevard Lannes avec Michel Cogoni d'Europe 1 pour son émission *Service de nuit* ; Piaf au dernier mariage de laquelle, en octobre, j'avais pu assister, noyé dans la foule, à

la mairie du XVIe et à l'église orthodoxe russe. Piaf en tête à tête !!!
Nous étions allés la voir tout d'abord pour son passage à l'Ancienne Belgique. Un lieu incroyable avec des tables-gradins. Une assemblée bruyante, devant des moules, des frites, des bières. Un chahut insensé. Et puis elle était apparue, petite silhouette noire, vieillie, voûtée, et elle s'était mise à chanter. Dès les premières notes, le silence de la foule. Un vrai silence. Impressionnant comme son répertoire. À la fin, on l'avait retrouvée dans sa loge. C'est elle qui nous avait entraînés pour dîner au premier étage d'un restaurant dominant la grand-place illuminée. Il y avait juste Félix, Théo Sarapo, son nouveau mari, elle et moi. Les bonnes bouteilles défilaient sur la table et j'entends encore sa voix traînante, répétant sans cesse : « Mais il ne boit rien, le jeune homme ! (C'était moi.) Allez vite, finis ce verre et goûte-moi ça… » Je devais avoir l'air ridicule car je ne savais que répéter : « Oui madame, merci madame… » en la regardant béatement et de moins en moins distinctement. D'ailleurs, tout ce qui suivit reste encore très flou dans ma tête.
Lors de son passage à Bobino, en février-mars 1963, je l'admirais tous les soirs depuis les coulisses et, parfois, je partageais une bouteille dans sa loge. Son dernier Bobino, là où elle avait débuté sur une grande scène, toute jeunette, en 1936, moins de trente ans plus tôt ! Elle avait quarante-sept ans et c'était déjà une vieille dame. Je l'ai revue fin mars au cinéma Le Murat dans

le XVIe. Un dernier concert à Lille, début avril, et ce sera la fin ou presque puisqu'elle mourra quelques mois plus tard, en octobre 1963.
Cette fin m'a rendu sobre seulement, jusqu'à la veille de rencontrer M. Dhordain, chargé de rajeunir cette Radio nationale. Avec mes copains François et André, nous avons d'abord vidé une bouteille de vodka, puis on s'est fignolé au gros rouge au restaurant La Galoche d'Aurillac, rue de Lappe. François a décidé de rentrer chez ses parents. Et avec André on a pris le métro pour regagner notre futur ex-appartement. En chemin, l'envie soudaine lui a pris de me faire visiter la caserne où il avait effectué son service militaire. Nous sommes descendus à la station Dupleix et, au cri de « Au secours, les Indiens attaquent ! », nous avons investi les chambrées. Le poste de garde nous ayant laissés entrer s'est détourné à notre sortie.
Il était tard. Après avoir erré dans les rues et échoué devant les grilles fermées du métro, nous avons décidé de prendre un taxi. Refus des chauffeurs devant notre état avancé. Colères, menaces. Ils ont appelé par radio la police et nous nous sommes retrouvés au poste, non sans avoir « résisté à l'interpellation » et les avoir agonis d'insultes. Le lendemain, ils n'ont pas voulu nous laisser repartir, pourtant dégrisés, avant d'avoir vu le commissaire. J'ai eu beau supplier, prétexter mon rendez-vous si important pour un vrai changement de vie, rien n'y fit et ainsi passa l'heure programmée de ma rencontre

décisive. Lorsque, le soir, il nous relâcha, j'ai cru que tout était foutu. Pourtant, Roland Dhordain accepta mes pauvres excuses – maladie, hôpital d'urgence, je ne sais plus – ou tout du moins fit semblant. Il me fixa une nouvelle date et je ne bus plus une goutte jusque-là. Depuis, je ne suis arrivé qu'une seule fois en retard. Dix minutes et par accident, non par beuverie. Mais j'écoute toujours les chansons de Piaf.

⁂

Parfois, je me dis que je devrais téléphoner à l'actuel (2004) directeur de RTL, Robin Leproux. Non pas pour chercher un nouveau travail sur une autre station, mais pour lui demander des nouvelles de ses parents, avec qui, depuis leur retraite, j'ai perdu le contact. Henri et Christiane Leproux dirigeaient l'un de mes repaires d'adolescent : le Golf Drouot, une boîte située carrefour Richelieu-Drouot, au-dessus du Café d'Angleterre, hélas transformé en l'un des premiers fast-foods à la mort de sa propriétaire Mme Perdrix. C'est là que la fine fleur du rock français, baptisé yé-yé, est née et s'est développée. Dans ce golf miniature, au premier étage, passaient des groupes encore inconnus du grand public mais déjà adulés par les jeunes employés des bureaux et des banques du quartier.
C'est là que débutèrent un jeune blouson noir de la bande du square de la Trinité qui se faisait appeler Johnny Hallyday et tentait de passer

pour un Américain ; un ancien coursier du Crédit lyonnais, Claude Moine alias Eddy Mitchell, avec ses musiciens Les Chaussettes noires ; Françoise Hardy, une fille de prof de maths du IXe arrondissement ; le Niçois Dick Rivers et ses Chats sauvages ; mais aussi Long Chris, Vince Taylor, Les Vautours, Les Aiglons, Les Forbans, Dany Logan et Les Pirates, et quantité de futures (et parfois éphémères) vedettes. Jacques Dutronc n'était encore qu'un anonyme guitariste, et Annie Chancel, une demoiselle du vestiaire, avant d'y rencontrer l'aspirant producteur qui ferait d'elle la petite Sheila. Quant à Luis Rego, débarqué du Portugal, il grattait sa guitare dans je ne sais plus quel groupe.

La fréquentation d'un tel lieu, d'abord par goût pour cette musique qui vous fouettait le sang, dans un pays ignorant cette jeunesse qui bouillonnait, était devenue sans le vouloir l'un de mes fonds de commerce. Mes confrères passaient pour des vieux en s'aventurant dans un tel repaire, tandis que je ne détonnais pas puisque j'avais leur âge et que j'aimais cela. Dans *Paris Presse*, mes échos devenaient des articles de plus en plus conséquents. Une presse spécialisée se créait. De nouvelles revues, de nouveaux magazines, dont *Salut les copains* qui s'installait sur Europe 1 et dans les kiosques. Je multipliais les collaborations. La presse écrite, en quête d'un rajeunissement de son lectorat, consacrait une ou deux pages spéciales aux nouvelles idoles. Pour l'une de ces revues *(La Presse)*, avec mon copain

Roger Frey et l'accord d'Henri Leproux, on créait, le vendredi soir, les « Tremplins du Golf Drouot ». Le parcours du golf miniature disparaissait, laissant la place à des tables, des chaises et une minuscule scène où se produisaient les espoirs de cette « musique de dégénérés ». Pour le premier, j'avais réussi à attirer le directeur des programmes d'Europe 1, Lucien Morisse*.

Le yé-yé était lancé. Tout le monde n'était pas encore convaincu et les premières manifestations « hors les murs » du Golf – Vince Taylor au palais des Sports ou Johnny place de la Nation – attiraient les commentaires acerbes d'une presse révoltée par la violence d'une minorité. Mon propre quotidien, *Paris Presse*, criait même au scandale après cette dernière performance, malgré mes propos enthousiastes. J'étais outré de leur réécriture malhonnête où quelques vitres brisées devenaient un Paris à feu et à sang. Mais les « censeurs » yé-yé étaient condamnés à disparaître et le genre à prospérer. Mon parti pris me transformait en porte-parole de cette évolution de notre « belle jeunesse ».

Les radios voulaient être au goût du jour. Europe 1, pionnier dans ce domaine, Luxembourg (qui allait devenir RTL en 1966) et bien sûr la Radio nationale, qui inaugurait la Maison de la Radio en décembre 1963. C'est pourquoi, à l'heure du transistor triomphant, Roland

---

* Qui pourtant, quelque temps auparavant, avait cassé en direct le disque de Johnny Hallyday.

Dhordain, nouveau directeur chargé de rajeunir la vieille antenne, pensait renforcer l'équipe du magazine pour les jeunes, *Les Ardugos* (José Artur, Claude Dupont et Michel Godard), qui depuis 1963 parlait de disques et d'actualité. Des piges bienvenues. Et puis un jour, Roland Dhordain me convoque dans son bureau :

— Est-ce que vous pouvez me faire rire ?

— Ben… euh…

— Tenez, asseyez-vous là et écrivez-moi deux sketches…

Je ne sais plus ce que j'ai pondu ce jour-là (si, il y en avait un qui parlait de haute couture pour les ouvriers.) Après avoir lu ma prose, le patron a décroché son téléphone.

— Allô, Jean-Marie, j'en ai trouvé un… Viens !

C'est ainsi que j'ai vu débarquer Jean-Marie Houdoux, le réalisateur de la prochaine émission de José Artur et Michel de Villers, *Table ouverte*, (de 20 heures à 22 heures), et que j'ai rejoint une équipe d'auteurs comme Louis Rognoni ou Georges Vittel. Parmi les assistants, Jean-Pierre Pineau et une toute jeune fille, Monique Desbarbat, qui, pendant près de trente ans, réalisera et coproduira mes diverses expériences radiophoniques.

La débutante était la correspondante à qui je devais adresser mes textes. Car je continuais de me répandre dans divers périodiques. On se réunissait une ou deux fois par semaine, déci dant des sujets. J'écrivais le soir chez moi et j'envoyais ce que je pouvais : des contes, de faux éditoriaux, une histoire à tiroirs de la lettre anonyme à travers les siècles, etc.

Mon ordinaire matériel s'améliorait. J'avais même pu me payer la location d'un studio, non loin de l'Étoile, rue des Acacias. Enfin, un studio d'été : deux mètres de large sur trois de long – la place d'un lit, d'une table de chevet et d'une armoire – mais une terrasse de quarante-sept mètres carrés ! Aux beaux jours, on y tenait nos réunions au soleil et c'est là, en juillet, que nous avons fêté mes vingt ans et un avenir qui me paraissait radieux. Vingt ans, ma signature ou des pseudonymes qui se promenaient un peu partout, et surtout cette collaboration à l'un des programmes les plus drôles du moment !

L'équipe m'avait même embarqué pour un déplacement aux 24 Heures du Mans 1965. Une foule considérable s'était amassée devant le car podium de l'ORTF où nous devions réaliser l'émission en direct, avec la participation de Fernand Raynaud. J'ai connu là l'une de mes plus grandes crises de rire. Parmi les incontournables, le feuilleton délirant de Louis Rognoni*, *Les Enquêtes du commissaire Velay et de l'inspecteur Duverger* (satire inénarrable de série policière), dans lequel José Artur interprétait l'inspecteur en question avec un accent maniéré laissant supposer des mœurs, comme on disait alors, « contre nature ». C'était une époque où les placards ne s'ouvraient guère.

* Auteur, bien plus tard, avec Pierre Dac, du chef-d'œuvre *Bons Baisers de partout*, également sur France Inter.

Sauf, à la rigueur, dans les milieux artistiques : « On dit qu'il en est... » Après la diffusion, nous discutions derrière le camion pour notre séance d'autocritique et nous avons vu surgir deux CRS en uniforme. Ils se ruèrent sur José Artur et le félicitèrent chaleureusement de sa performance, si proche de « leur » vérité, sans craindre de donner libre cours à des intonations ne masquant pas leur préférence. Nous nous sommes tous regardés, un peu éberlués, surtout lorsque José est entré dans leur jeu, laissant croire qu'il ne chargeait pas. Monique leur a donné à boire du champagne ou du vin blanc en provenance du buffet et les deux représentants de l'autorité se sont carrément lâchés. Pour une photo, José et Michel les ont même fait poser entre eux, menottés avec leurs propres outils de travail. Le problème, c'est qu'ensuite impossible de retrouver les clés. Je riais tellement que j'en suis tombé dans l'herbe.

Pour tenter de cacher leur hilarité, mes confrères s'empressaient, en hoquetant mais tête baissée pour mieux dissimuler leur faciès à la limite de l'explosion, à la recherche, malgré la pénombre, du moindre reflet argenté visible, dans le gazon épais. Les membres des forces de l'ordre, eux, ne partageaient pas notre joie un peu trop éclatante.

— Oh non, c'est pas drôle, gémissaient-ils. Retrouvez-les, on vous en prie... Vous vous rendez compte de ce que va dire le chef !

Péniblement, je me redressai et me joignis à la quête, courbé sur la pelouse. Soudain, l'un des

deux policiers cria : « Oh, monsieur Villers, vos fesses ! » et il tendit ses mains toujours entravées. Vivement, je me retournai, mi-inquiet, mi-rigolard.
— Quoi, mes fesses ? Qu'est-ce qu'elles ont, mes fesses ?
Il y eut un silence puis Rognoni, qu'on ne pouvait pourtant pas soupçonner d'intention ambiguë, avança sa dextre et s'attarda sur mon postérieur. Je sursautai quand même et, quand je fis volte-face, il me tendit l'objet du délit. Facile à comprendre. En m'écroulant, je m'étais assis sur les clés et sous le poids (je pesais alors plus de 100 kilos) elles s'étaient incrustées dans le tissu du pantalon recouvrant mon auguste fessier. Nous pouvions enfin libérer nos anges gardiens, qui rangèrent immédiatement leurs jouets afin de pouvoir lever le coude à nouveau. Après quelques libations, ils voulurent savoir où nous devions dormir.
— Ben, euh, on s'y est pris trop tard. Y a pas une chambre de libre à cent kilomètres à la ronde ! s'exclama Jean-Marie Houdoux, persuadé qu'il restait peut-être un lit de camp ou deux au cantonnement des policiers et qui ajouta vivement devant leurs réactions : Je crois bien qu'il va falloir nous contenter des sièges de nos voitures…
— Alors, ne vous inquiétez pas, répliqua l'un des flics en partant. On rôde…
Peu après, coincé dans le cabriolet dernier cri de José, noyé au beau milieu d'une manifestation,

alors que des policiers casqués zizaguaient entre les véhicules à la poursuite des protestataires, José baissa sa vitre, se pencha et les encouragea : « Allez, les filles ! », ce qui nous valut quelques problèmes avec la maréchaussée. Il a bien fallu que je m'y fasse car cet allumé permanent s'est révélé, au fil des années, un redoutable roi de la provocation. Heureusement, Francis Blanche, Jean Carmet, Jacques Martin et Jean Yanne, que je fréquentais régulièrement depuis quelques années, m'avaient entraîné à en assumer les conséquences.

C'est ainsi, entre autres, que je pris un jour l'avion avec José. On venait de fermer les portes et de lancer les moteurs. La chef de cabine lisait de sa voix suave son habituel message : « Le commandant Untel et son équipage… » José se leva alors d'un bond et s'écria avant qu'elle ait terminé : « Ah non ! Pas lui ! ». Silence dans l'appareil. Tout le monde fixe son regard sur notre rang. Une fois de plus, gêné, je m'enfonce dans mon fauteuil tandis qu'une hôtesse se précipite.

— Monsieur, je vous en prie…

— Mais, comprenez, ça me rappelle de trop mauvais souvenirs !

Des interrogations fusent.

— Expliquez-vous ! supplient des passagers, qui se lèvent à leur tour.

Résultat, plus d'une heure de retard… et une plainte du pilote. Nous nous en tirerons avec une distribution de porte-clés et différentes babioles promotionnelles de l'ORTF.

Une autre fois, lors d'un vol de la Corse vers Paris, au moment du décollage, à bord d'un vieux Breguet deux ponts à moitié désert, José fait signe discrètement à un steward et, d'un ton confidentiel le forçant à se pencher, il lui susurre :

— Veuillez dire au commandant de se montrer un peu plus discret. Sur ce fil dénudé, je viens de l'entendre s'exclamer très fort : « Merde, est-ce que je vais réussir à arracher ce tas de ferraille... »

— Ah oui ? Vous êtes sûr ?

— Quand même...

Sans attendre la réponse, l'employé se dirige d'un pas assuré vers le cockpit, ouvre et claque la porte du poste de pilotage... et ressort, peu après, tout rouge, en nous lançant un regard meurtrier. Le pauvre avait dû se faire rabrouer vertement par le seul maître à bord après Dieu ! En rétorsion, le service du plateau repas s'en ressentit un peu.

Mais le pire reste ce soir d'été à Cannes où, après un repas bien arrosé avec Monique Desbarbat et son mari, sur une terrasse de restaurant, José s'en prit à deux géants. Pourquoi ? Je ne sais pas et lui non plus certainement aujourd'hui encore. Toujours est-il que, fatigués des paroles peu amènes de notre olibrius, les deux montagnes de muscles commencent à déplier leur mètre 90 respectif et l'autre ivrogne ne trouve rien de mieux pour sa défense que d'ajouter en me désignant : « Et faites attention, mon copain est un ancien catcheur ! » Ce qui amène immédiatement les deux monstres à se retourner sur mon humble personne bredouillante.

— Mais... mais non, les gars, l'écoutez pas... vous voyez bien qu'il a trop bu... il ne sait plus ce qu'il dit.

— Tu veux te battre ?

— Nooon, il plaisante...

Dans ma petite tête, j'essaie quand même de me souvenir d'un ou deux coups dangereux qu'on nous apprenait à éviter dans des combats déjà lointains où la règle était de ne pas faire mal. Une heure et une bouteille de champagne partagée pour me dépêtrer de ce piège, pendant que l'autre insolent, la tête sur les coudes, ronfle comme un sonneur.

L'art de la négociation – même appris dans ces circonstances – me sera très utile dans l'exercice de ma vie future.

3

« Tu parles du nez »

L'aventure *Table ouverte* ne dépassa pas l'été 1965. Une fois de plus, il me faudrait tenter une autre expérience. Un jour, José Artur nous réunit pour nous annoncer la funeste nouvelle et nous raconter qu'à la rentrée la direction lui proposait une forme inédite d'émission qui ne l'emballait guère mais pouvait se révéler intéressante. D'après lui, Roland Dhordain et le nouveau directeur des programmes, Jacques Tournier*, lui avaient décrit une sorte de talk-show (on ne disait pas encore ainsi) quotidien, nocturne, entièrement consacré à la nouvelle culture dans tous les domaines, avec des invités et des musiques comme on n'en entendait pas

* Que les auditeurs de France Inter connaissent surtout comme auteur d'un des grands feuilletons romanesques de la station dans les années 1960 *Noëlle aux Quatre-Vents,* sous le nom de Dominique Saint-Alban

encore sur l'antenne. Je me redressai sur ma chaise en l'entendant prononcer mon nom.
— Claude, ça te dirait de bosser complètement avec nous ? J'ai besoin d'un journaliste avec un bon carnet d'adresses et du flair pour ramener les gloires de demain…
C'est ainsi que démarra, le 4 octobre 1965, le légendaire *Pop-Club*.
Ce fut tout de suite un succès… d'écoute. Car pour faire venir des invités au Bar noir, là c'était une autre paire de manches. Le Bar noir se situait, tout comme le Bar bleu, à mi-hauteur de l'une des extrémités du grand hall de la Maison de la Radio (du côté droit lorsqu'on lui fait face, là où se trouve actuellement le Club de la presse internationale). Mais cette Maison de la Radio (inaugurée par le général de Gaulle, président de la République en décembre 1963, donc assez récente à l'époque) ne jouissait pas encore d'une renommée extraordinaire et peu de gens osaient s'aventurer dans ce quartier du XVIe arrondissement, excentré et en pleine transformation.
« Où ça ? – À la Maison de la Radio – C'est où ? », etc. Convaincre invités – et public – ne relevait pas de l'évidence. La voie sur berge n'existait pas encore et surtout, le soir, venir au milieu des chantiers, des hangars abandonnés, des terrains vagues, sans lumières, en décourageait plus d'un. Pas de métro, les bus ne circulant plus après 21 heures, pas de RER (la voie traversant la Seine ne sera ouverte qu'après 1981 !).

Surtout que, sur l'autre rive, le désert était encore plus désert. Pas d'immeubles, sinon les carcasses des anciennes blanchisseries de Grenelle (l'eau de Javel !) et un établissement de nuit mal famé : le Bal de la Marine, où, par peur des bagarres quotidiennes, les tables et les chaises étaient clouées au plancher. Ce qui n'empêchait pas, chaque soir lorsque nous sortions, d'apercevoir les cars de Police Secours venus embarquer les clients belliqueux.

Le Bar noir, lui, était d'un aspect plus convenable, exploité pour la limonade et autres breuvages par la Compagnie internationale des wagons-lits. Jean-Pierre, le gérant, apportait ce qu'il fallait de chaleur pour compenser la décoration très épurée, tout à fait dans le style du moment. Un vrai décor « pop » – ou plutôt « pompidolien » en avance sur les goûts développés plus tard par M. Pompidou – où triomphaient le skaï, l'aluminium, le verre, le lino orange et l'art abstrait des peintres alors en cour. Un décor clinquant mais glacial. Dans un coin, deux techniciens et leur « console » et, à côté, José et son micro.

Tout le monde est venu (vient toujours ?) au *Pop-Club*. Le premier soir (le plus difficile à garnir car nul ne connaissait le principe !), quatre « stars » avaient accepté de se déplacer : le directeur de notre concurrent Europe 1, Lucien Morisse, deux vieilles connaissances du Golf Drouot, devenues d'immenses vedettes : Françoise Hardy et Johnny Hallyday. Mais surtout

– et là nous marquions notre différence – j'avais réussi à persuader l'immense légende cinématographique Fritz Lang, de passage à Paris. Hollywood sur une banquette de ce bar du bout du monde ! D'un seul coup, on a vu des photographes auditeurs (ou le contraire) surgir pour immortaliser l'instant. Le metteur en scène, quoique d'origine allemande, baragouinait le français et maniait adroitement l'humour. Il se comporta en vieil habitué et... pendant l'interview, réussit même à couper la parole à José. Un exploit, encore aujourd'hui ! Il est resté pendant les trois heures que durait alors l'émission (22 heures/1 heure), vidant coupes de champagne, verres de vin, bière, whisky, etc. Quelle descente ! Mais ce qui nous a tous marqués le plus, c'est, sous la table, la main baladeuse du maître (plus de soixante-quinze ans à l'époque) sur les cuisses entrouvertes de celle qu'il nous avait présentée comme son assistante, d'au moins cinquante ans sa cadette !
En dehors des invités, la musique comptait beaucoup. D'abord, Claude Bolling avait composé et interprétait l'indicatif avec Les Parisiennes (ex-choristes de l'ORTF). Plus tard, il y aura – entre autres – Serge Gainsbourg et Jane Birkin. Les disques du programme tranchaient sur tout ce que l'on entendait alors sur l'antenne. Tout ce qui était nouveau nous intéressait. Chacun dans l'équipe poussait ses découvertes, même si tout était ensuite harmonisé par les oreilles expertes de Michelle Garetto (puis de Claude

Richard), Pierre Lattès (pour le rock), André Francis ou Maurice Cullaz (pour le Jazz).
Dans ces années 1960, les disques anglais ou américains parvenaient en France avec un retard considérable. Sauf si l'on pouvait se les payer, au moins le double de leur prix, dans une boutique dit d'« import » comme Lido Music sur les Champs-Élysées. Du coup, pour permettre à la maison de réaliser des économies, nous invitions le directeur de ce magasin, Maurice Buisson (ou son assistant, Michel Ramonet), à venir une ou deux fois par semaine nous les présenter. Dans ce domaine d'exclusivités phonographiques, nous avions aussi comme chroniqueurs réguliers Philippe Rault (grand spécialiste du blues) ou le Britannique Phil Wood, alias Big Ben, patron de la plus célèbre discothèque de Soho à Londres : Le Marquee. Parfois, la station n'hésitait pas non plus à nous expédier à la pêche aux nouveaux vinyles outre-Manche et même outre-Atlantique ! Les enregistrements les plus remarquables devenaient « Disque pop de la semaine ». Ils ouvraient chaque heure de chaque soir et, pour éviter tout piragage par d'autres antennes, étaient diffusés avec la voix de José Artur en surimpression. Nombre de « Tops du Hit » (!) ont ainsi débuté leur carrière, un soir sur France Inter.
Les premières années, notre équipe, véritable magazine de l'actualité culturelle, comportait des chroniqueurs tels que Paul-Louis Mignon (théâtre), Monique Berger (cinéma), Sophie

Dumoulin (livres, spectacles divers). Nous étions aussi de tous les festivals (Cannes, Midem, Avignon, etc.), de tous les événements artistiques ou autres, expositions internationales ou universelles en France ou à l'étranger, vernissages, voyages inauguraux, etc.

On n'en finirait pas d'énumérer les invités prestigieux ayant défilé devant le micro du *Pop-Club*, devenu au fil des années une véritable institution : Dali, l'abbé Pierre, Jeanne Moreau, Pierre Cardin, Julie Christie, François Truffaut, Gloria Swanson, Henri de Monfreid, Ionesco, Michel Legrand, le prince Rainier et Grace Kelly, Jacques Brel, Simone Signoret, Yves Montand, Kirk Douglas, Xenakis, Bernard Buffet, la Môme Moineau, Pierre Perret, Gaston Defferre, Maurice Chevalier, Duke Ellington, Henri Salvador, Charles Trenet, Georges Brassens, Federico Fellini, Ray Charles, Raymond Devos, Brigitte Bardot, Romy Schneider, Vittorio de Sica, Topor, Adamov, Otis Redding, Harry Belafonte, Mikis Theodorakis, Peter Ustinov, Cavanna et la bande d'*Hara Kiri* ou de *Charlie Hebdo*, les Beatles, Fernandel, Jean-Paul Sartre, Paul-Émile Victor, Paco Ibañes, Madeleine Renaud et Jean-Louis Barrault, Jean Gabin, Marthe Richard, Jerry Lewis, Marianne Faithfull, Léo Ferré (que Johnny Hallyday, un soir, n'a pas cessé d'appeler Ferrat), les Rolling Stones, Jean Anouilh, Elton John, Ingrid Bergman, Lucien Bodard, Sandy Shaw (la chanteuse aux pieds nus), Shirley McLaine, Jacques Higelin, Serge

Reggiani... Ouf !...Que les absents de la liste me pardonnent...
De même que j'omets les incidents et les accidents qui émaillèrent ces premières années. Car, comme dans tous les établissements de nuit servant de l'alcool, il fallait quelquefois « calmer » certains consommateurs et mon expérience passée de lutteur professionnel m'a grandement aidé. C'est ainsi qu'un soir José demande à Monique Desbarbat de faire taire un particulier parlant trop haut et trop fort dans le public durant ses interventions. Gentiment, la jeune assistante se rend près du gêneur et lui demande poliment de baisser d'un ton. L'autre le prend très mal et, grossièrement, envoie promener la messagère en se montrant même menaçant. Encore à présent, Monique se souvient de deux masses (ma pomme et Michel Sevelinge, un technicien à la carrure impressionnante) se frayant un chemin entre les tables, saisissant l'importun chacun par un bras, le soulevant de terre et le reconduisant à la sortie en quelques secondes. Un autre soir, avec un autre assistant, Jacques Morice, nous avons expulsé à nous deux la vingtaine de membres de la Fanfare des Beaux-Arts venus improviser une aubade cadrant mal avec la sérénité d'une émission en direct. Chaque fois que nous nous retrouvons (il est maintenant à la retraite), nous en rions encore !
Malgré ces perturbateurs, ces ivrognes, j'ai vécu une expérience pendant près de trois ans palpitante au contact des plus grands et surtout j'ai

appris mon métier auprès d'une des figures les plus libres de la radio. Oui : avec José Artur j'ai appris la liberté. Un franc-parler nécessaire auprès des auditeurs (même coincés) auprès des directions se voulant trop directives ou face à une administration trop tatillonne, dont certains représentants étaient encore issus de notre ancienne tutelle : les PTT. Les exigences de certains petits chefs tyranniques étaient incroyables ! Comme cette dame qui surgit, un jour, dans notre bureau et, nous apercevant, Michelle Garetto et moi, occupés à composer le programme musical, s'est écriée :
— Je vais vous faire virer car vous écoutez des disques pendant les heures de service.
C'est lui, José Artur, qui m'a inculqué ces principes essentiels à notre profession :
« Plaire au public bien sûr, mais en se déplaisant à soi-même le moins possible. »
« Ne pas se soucier d'inquiéter les cons. »
Et surtout :
« Ne jamais oublier qu'il existe deux sortes de radios : celle qu'on entend et celle qu'on écoute. »
J'espère que j'ai su bien choisir.

⁂

C'est au *Pop-Club* que j'ai balbutié mes premiers mots sur France Inter. J'ai goûté aux reportages en direct d'une générale de théâtre (par exemple *Du vent dans les branches de sassafras*, une pièce de Obaldia avec Michel Simon), d'une première de cinéma, ou d'une cérémonie bizarre, ou encore dans le cadre d'un rendez-vous régulier en direct de Londres. J'ai présenté pendant un temps (de 1 heure à 2 heures du matin) une « heure gaillarde » à base de chansons et de poèmes érotiques. Plus simplement, il m'est arrivé de remplacer le « patron » pendant ses absences qu'il soit retenu par ses obligations de directeur artistique des croisières du paquebot *France* ou cloué au lit par une bonne grippe !

Ça me plaisait bien, ça, causer dans le poste. J'y prenais goût et je m'imaginais déjà volant de mes propres ailes. Surtout que, pendant l'été (en 1966 et 1967), Roland Dhordain avait créé les Radio-Vacances, un essai de radio décentralisée qui permettait de tester les « p'tits jeunes » au micro. Grâce à des émetteurs ondes moyennes diffusant sur une région limitée, les assistants qui le désiraient pouvaient, tout en continuant de travailler à leurs tâches habituelles auprès des producteurs aguerris sur l'antenne nationale (en ondes longues), tenter leur chance dans cet ancêtre de radio locale, en exerçant leurs supposés talents dans tous les domaines. Une fois on assurait des reportages, une autre on réalisait des programmes, on organisait une soirée ou on présentait une émission.

Ces stations étaient réparties sur tout le territoire. Il en existait à Saint-Malo, à Biarritz, en Corse... Chacune avait son propre nom et sa propre direction. Moi, j'appartenais à l'équipe de

Radio Méditerranée, basée dans l'ancien palais des Festivals de Cannes, surnommée « la radio qui béguée ». Non seulement en raison du manque d'assurance de ses débutants, mais surtout du nom de son directeur : Guy Bégué, venu du ministère de l'Intérieur (!). Nous étions soumis à un régime infernal : le matin, j'assurais les flashes d'informations ou des reportages sur la zone ; de 13 h 30 à 15 heures, après le décrochage du journal d'Inter, je présentais, en direct d'une plage du littoral entre Marseille et Menton, sur le sable parmi les baigneurs, une émission musicale avec l'histoire de chaque chanteur : *Les Pieds dans l'eau.* Ensuite je regagnais la plage du Grand Hôtel à Cannes pour préparer l'émission de José, *Flirtissimo*, que je réalisais pour l'antenne nationale, avec choix des disques en direct selon les désirs et dires de la jeune fille ou femme supposée avoir été draguée par Artur un peu avant. En fait, il était dans mes attributions de parcourir la plage et de chercher des volontaires. Ça donnait : « Vous ne voulez pas participer à une émission de radio ? » et une réponse rarement positive au premier essai. C'était plutôt du genre petit rire moqueur, un haussement d'épaules suivi d'un : « Non mais, vous pourriez pas trouver autre chose, vous pensez que je vais vous croire… Pourquoi pas un rôle au cinéma ? » Dur dur, surtout que parfois, effectivement, je m'y serais pris volontiers autrement. Quand l'échec perdurait, je me rabattais sur une copine ou sur une VIP en vacances dans le coin.

C'est ainsi qu'un jour, en désespoir de cause, je téléphone à une grande amie de José, Simone Signoret. Fidèle auditrice, nul besoin de lui expliquer le système. Et ça démarre. À un moment – (l'emploi de la pilule ou des moyens contraceptifs n'avait pas encore été légalisés – la loi Neuwirth date de décembre 1967) – Simone, en vraie féministe s'engage en détail sur ces méthodes et – sujet tabou et carrément interdit à l'époque – défend l'avortement. À la fin de l'intervention, le technicien envoie un disque. Dans la minute, le téléphone sonne et la voix suraiguë et furieuse d'un de mes – nombreux – directeurs commence à m'agonir d'injures et de menaces.

— T'es fou ! On va tous se faire virer, petit con ! T'es fini... etc.

L'émission se termine sans autre incident. On remballe et, alors que je vais remonter vers les studios, Bégué surgit, furieux, de son bureau.

— Villers, je vous ai pris un billet pour le premier avion de demain matin. Vous êtes convoqué à Paris à 10 heures devant la commission de discipline !

Merde. Je savais même pas que ça existait. Je préviens José, qui rigole.

— T'en fais pas, c'est que des nuls... Bon, qu'est-ce qu'on fait ce soir ?

Ce soir, il fallait dîner, préparer et réaliser le *Pop-Club* avec sa flopée d'invités, continuer la fête dans une boîte et... rentrer à la maison qu'on

louait en collectivité au-dessus de la ville, à Mouans-Sartoux (moins cher pour les locations). Je ne conduisais pas et chaque nuit j'assurais la quinzaine de kilomètres en pente sur mon Solex décoré de fanions et d'autocollants de la station. Une fois, épuisé par mes efforts (à cause du faible moteur, je devais pédaler), je m'étais endormi en roulant et, bien sûr, retrouvé dans le bas-côté. D'ailleurs, je m'endormais n'importe où. Même dans les toilettes, assis sur le trône, où souvent on devait me réveiller avec des verres d'eau. Marie-Christine, la femme de José, s'en souvient encore !
Ce jour-là, à l'aube, je me suis préparé à mon exécution. Arrivé à Paris, j'ai comparu devant une assemblée de vieux messieurs de l'Inspection générale.
— Pourquoi vous n'avez pas fait couper l'antenne ?
— Ben…
— Bon, pas le temps de vous écouter… Mme de Gaulle n'a pas apprécié. Vous avez un blâme dans votre dossier. Estimez-vous heureux mais ça vous suivra toute votre vie.
À 11 heures, j'étais dehors et je reprenais un avion (payé par la maison)… Voilà comment, à mon âge, je me demande toujours s'ils vont en tenir compte pour le calcul de ma retraite !
Surtout que j'avais déjà reçu des avertissements disciplinaires à l'occasion de l'organisation d'un méchoui géant, avec la Vallée des Peaux-Rouges d'Ermenonville, sur le parking de la direction, le

soir de la première des *Quatre Cents Coups*, enfumant et empestant tout le quartier. Une duchesse avait porté plainte. Savon. Ou encore ce direct depuis Londres, où un lord anglais avait affirmé à mon micro : « J'aime beaucoup la France malgré la dictature... » Ou enfin, à ce retour de Radio-Vacances, lorsqu'une administratrice (ah ! Marguerite...) m'avait promis une mise à pied car j'avais osé régler les assurances des Solex (nous en utilisions un second pour la promotion dans la journée) sur la régie d'avances (modeste somme allouée pour les menues dépenses).

— Vous vous rendez compte ! Seize francs ! C'était à moi de le faire !

Et comme je mettais la main à la poche pour la rembourser, elle s'est écriée :

— Ah non ! ce serait trop facile !

La Marguerite en question était la bête noire des assistants. Et, avec Gérard Klein, nous avions promis à Daniel Hamelin, son souffre-douleur préféré, de la pousser dans les escaliers pour nous en débarrasser une fois pour toutes. Bien sûr, nous n'avons jamais exécuté notre plan. Mais un de nos délices à tous les trois était de la faire enrager. Entre autres, l'un de nos jeux consistait en de folles courses avec les chariots du courrier lancés à pleine vitesse dans les couloirs de la Maison ronde. C'est-à-dire que, du fait de cette courbure, nous terminions avec fracas contre la porte de son bureau. Ensuite, la pauvre nous poursuivait en glapissant. Le tout pendant que, coiffés de casques de pompiers du XIXe siècle achetés chez un brocanteur, nous jouions du clairon. C'était pas triste ! Quand elle est partie à la retraite, on lui a même donné une aubade et fait notre sketch de Marcel et Paulo camionneurs. Paulo c'était Gérard Klein et Marcel c'était moi. Nous étions aussi chahuteurs l'un que l'autre et il a fallu nous séparer, comme des mauvais élèves. Mais ça nous est resté. Même si Gérard Klein ensuite s'est dirigé vers une autre carrière, nous nous saluons toujours d'un « Alors mon Marcel... Alors mon Paulo... ».

À propos de carrière, j'étais sûr alors – en 1967 – qu'on allait m'offrir un fauteuil permanent derrière un micro. Au lieu de quoi, un jour, je croise Jean Chouquet, alors conseiller écouté, chargé justement de l'inspection des Radio-Vacances. Et là, dans un couloir, il m'apostrophe.

— Dis donc, toi, je suis au regret de te le dire mais tu ne feras jamais de micro. Tu ne sais pas t'exprimer, tu ne sais pas respirer... Tu parles du nez... Tu n'as pas ta place à l'antenne.

Un truc dans ce genre-là... Enfin, il a fait de moi du petit bois. Soudain, j'étais devenu sans avenir Pour un garçon de vingt-trois ans, un désastre, et je ne me voyais pas rester dans une maison qui me détestait autant. D'une allure digne malgré la douleur, j'ai regagné mon bureau et j'ai préparé le *Pop-Club* du soir. Pourtant, j'en aurais pleuré et je me voyais déjà condamné à rester assistant.

Le soir même, j'en parlai à ma petite amie du moment. C'était une jeune Américaine, Charline, une dessinatrice de mode employée au bureau parisien du quotidien américain *Women's Wear Daily*. Elle me confia alors qu'on la réclamait à la rédaction centrale de New York. Elle n'avait pas encore répondu car cela signifiait notre séparation. Mais si je voulais la suivre…

Et c'est ainsi que je me suis retrouvé aux États-Unis. Par amour.

4

Le Nouveau Monde

L'hélicoptère se glissait dans les rues de Manhattan.

Derrière les fenêtres des immeubles, des hommes et des femmes s'affairaient dans des bureaux et levaient à peine la tête pour nous regarder passer dans notre engin. La routine pour eux, pas pour nous. En dessous, les rues animées de la cité. On devinait les klaxons, les sirènes, couverts par le bruit du rotor. Et puis l'appareil a pris de la hauteur et nous nous sommes posés sur le toit au soixante-dixième étage du Pan Am Building qui fermait Park Avenue. Aujourd'hui, cette manière de pénétrer au cœur de New York n'existe plus. Ni la compagnie américaine. Mais pour notre premier voyage à New York, nous avions choisi un de ses vols, rien que pour le transfert offert depuis l'aéroport Kennedy.

C'était l'automne 1967 et j'avais pris ma décision. Charline était déjà sur place et j'étais venu juger sur pièce la ville où j'allais vivre avec elle. Pour l'accompagner, il m'avait fallu économiser. Le voyage était beaucoup plus cher et le cours du dollar beaucoup plus haut qu'aujourd'hui. Tout de suite, je suis tombé sous le charme de cette ville. New York, New York à vingt-trois ans ! Au pied de l'immeuble, un taxi jaune ; les fumées du chauffage urbain, les phares qui dansent dans ce brouillard permanent, la pluie sur le macadam, les sirènes de police ou de pompiers déchirant le soir. Un hôtel et puis quinze jours pour explorer ce monde si loin du nôtre.

Au bout de ces deux semaines, je suis rentré avec des images plein la tête. J'ai prévenu José, formé mon remplaçant (Bernard Saussin), bazardé toutes mes pauvres possessions et décroché quelques contrats ici ou là pour gagner un peu d'argent, loin de la radio. Retour à l'écriture. Des correspondances pour une agence de presse, pour le *Nouvel Obs*, *Planète* et *Plexus*, où je me commettais déjà, ainsi que, pour la côte est, le nouveau mensuel *Rock & Folk* (Alain Dister couvrira la côte ouest), où je signais depuis le n° 2. Le dernier soir, José a passé un Fréhel, *Où sont-ils donc* :

Y en a qui vous parlent de l'Amérique,
Du pays où l'on fait des dollars...

Et puis, le grand saut... Un nouveau vol transatlantique dans l'inconnu.

© DR

Souvenirs d'enfance, dans le Pas de Calais...
Mémère Marie me protège de son bras,
mais c'est moi qui suis armé !
En premier communiant, on me donnerait
le Bon Dieu sans confession... On aurait tort.
Un premier rôle, dès 4/5 ans, à l'école
maternelle : celui du médecin dans mon
inoubliable succès **Voilà le docteur, madame !**

© DR

© DR

© DR

© DR

Premiers pas dans la presse, dès l'âge de 17 ans (et demi). À Dinard, j'interviewe Johnny pour Disco Revue, *puis Francis Blanche à Paris pour* Tilt. *En 1966, assistant de José Artur pour le* Pop Club, *je suis en direct au Théâtre de l'Empire pour la première de* Fahrenheit 451 *de François Truffaut, ému (forcément) par la beauté de Julie Christie.*

© DR

© DR

Une belle époque de délires… Avec José et Jean-Marie Houdoux pour Table ouverte *aux 24 heures du Mans, en juin 65. C'est là que je commence à travailler avec ma complice de toujours, Monique Desbarbats.*

© DR

© DR

© DR

*Correspondant d'Inter à New York, dans mon bureau de l'*Avenue of the Americas*, suivant en direct avec Jacques Sallebert et Jean-Claude Heberlé les élections présidentielles en novembre 1968 qui virent la victoire de Nixon (en haut à droite), en vacances avec mon chien Bobo (et des cheveux) à Long Island, cloué au pilori pour une émission aux Bermudes ou traversant une tempête à bord du Franconia, ma parenthèse américaine fut une belle expérience qui s'acheva en 1971 sur un autre paquebot, le* Mermoz.

© DR

© DR

© DR

© DR

© DR

© DR

Peu après mon retour « à la maison » je démarre **Pas de panique**, *avec Patrice Blanc-Francard et Olivier Nanteau. Les « jeunes espoirs » de France Inter, au début des années 70 : Jean-Louis Foulquier, le réalisateur Jean-Michel Brosseau, Pierre Lattès, Olivier Nanteau, votre serviteur et Patrice Blanc-Franquard. Et, en haut, un retour au* **Pop Club** *de José vers 1973.*

© Radio France/Roger Picard

© DR

© DR

© Radio France/Roger Picard

L'équipe de **Marche ou rêve**, *autour de Monique et moi, en 1976. L'émission durera jusqu'en 1978, où débute* **Visas**, *qui me permet de revenir aux États-Unis, à Seven Oaks en Louisiane, ou à Hollywood pour interviewer l'incorruptible Robert Stack. Vers la fin des années 70, quelques-unes des « jeunes pousses » d'Inter sont réunies, avec plus ou moins de sérieux, le temps d'une photo : PPDA, Mourousi, Bozon…*

© Radio France/Roger Picard

Deux beaux souvenirs : l'émission **Le Forgeron du diable** *avec Haroun Tazieff, primée par l'Académie Charles Cros et* **La vie des Français sous l'Occupation** *avec Henri Amouroux, émission récompensée, elle aussi, par le Grand Prix de la Ville de Paris, remis par le maire en personne, Jacques Chirac. Depuis, je ne me suis plus lavé la main.*

© Radio France/Roger Picard

Charline avait déniché un petit appartement pas trop cher, mais formidablement situé à l'angle de Madison et de la 67e Rue. Au début, il a fallu apprendre la ville : les bus, les métros, les taxis, perfectionner mon anglais baragouiné, péniblement acquis lors de cours du soir audiovisuels, en quelques semaines, dans des séances collectives au théâtre Caumartin. Bien sûr, je ne savais rien. Et l'américain n'a rien à voir avec la langue de Shakespeare inculquée à grand renfort de phrases types. Heureusement, j'ai eu sur place un professeur émérite en la personne d'un vendeur d'épicerie portoricain. D'une patience à toute épreuve, il m'accueillait d'un bienveillant et parfaitement articulé (ce qui veut dire que je le comprenais) *« Hello my friend, what do you want today »* (Hello mon ami, que voulez-vous aujourd'hui). Je lui montrais une boîte d'asperges ou de haricots sur l'étagère et il m'énonçait le mot, puis ajoutait : *« Repeat after me »* (Répétez après moi). Le boucher ou le responsable du pressing se montraient aussi patients. Je sus très vite faire les courses. À la maison, bien sûr, nous parlions uniquement en anglais et Charline corrigeait mes fautes. Également, je tentais de déchiffrer les journaux (les titres contractés sont les plus difficiles), j'écoutais les radios d'information continue comme W.I.N.S. ou je regardais les journaux télévisés en tentant d'y reconnaître un nom, une image. La télévision... Pour le petit Français, débarqué d'un pays où n'existait qu'une chaîne en noir et blanc et n'émettant que

quelques heures par jour, c'était la fascination devant la profusion de stations (comme la radio : cinquante-deux stations à New York City) et déjà la couleur.
Idem pour le téléphone. Des cabines à chaque coin de rue, alors que chez nous il fallait entrer dans un bistro ou le métro, demander le 42 dans une ville de province, en PCV ou « avec index » et s'entendre répondre « Pithiviers, deux heures d'attente ». Chaque foyer, là-bas, possédait un poste téléphonique alors qu'il nous fallait, en France, trois ans pour obtenir et encore, avec du piston ! Un de mes premiers émerveillements à ce sujet reste, peu après mon arrivée, l'installation de cet objet à domicile. Mon amie avait contacté la compagnie le matin en arrivant à son bureau. Une heure plus tard, un employé sonnait à la porte, une énorme ceinture de cuir bardée d'outils et d'instruments, tel un cow-boy.
— Où je les pose ?
J'étais sûr de ne pas avoir compris. Je lui ai fait répéter. Saisissant mes difficultés, il a réitéré sa question en détachant chaque syllabe : « Où – je – les – pose ? » En fait, c'est le « les » qui m'avait surpris. Chez nous à l'époque, le récepteur unique devait trôner dans l'entrée sur le napperon brodé d'une petite table ou sur une étagère de la bibliothèque. Il fallait accourir du fond de l'appartement pour répondre. Là, d'autorité, il en a mis trois. Il était même prêt à en fixer un dans les toilettes. Je l'ai arrêté à temps. Quand même…

Une fois son boulot achevé, il se retourne et me parle de câble.
— *What* ?
Il me propose d'améliorer la réception de la télé avec ce truc qu'il nomme câble.
— C'est deux ou trois dollars de plus par mois. L'image, souvent déformée par l'entourage d'immeubles de verre et d'acier, est plus fidèle...
— OK.
En route pour les merveilles de la technologie encore inconnues en Europe. Ouah ! C'est l'Amérique !
Côté métier, je peine encore un peu. Les piges se font attendre. Et tenter de s'intégrer dans un environnement aussi différent de celui de notre vieille Europe n'est pas des plus aisés. Pourtant, New York sait (savait ?) se montrer tolérante avec les nouveaux venus. Cela paraît normal pour une population elle-même issue d'une immigration récente. Enfin... Parfois la déception devant une certaine indifférence ne se ressent que plus durement. Depuis le charabia mélangé d'anglais boiteux et d'accent russe du chauffeur de taxi qui ne vous comprend guère jusqu'à la phrase préférée d'un employé borné qui ne sait que répéter le leitmotiv du New-Yorkais stressé : « *That's none of my job* » (Ça fait pas partie de mon boulot) même quand vous lui demandez l'heure, mes tentatives pour nouer le dialogue ne furent pas toujours aisées. Heureusement, il existait toujours le commerçant qui sort de son magasin où vous n'avez rien acheté pour vous

indiquer le métro le plus proche, le serveur de coffee-shop qui vous souffle comment on commande le genre d'œuf au plat que vous préférez, le businessman ou l'ouvrier de la voirie capables d'un détour pour vous désigner un marchand de hot-dogs.

Les premiers pas dans un monde inconnu, c'est un peu comme essayer de marcher seul dans un couloir loin des bras de papa et maman !

La nuit adoucit les contours, masque les différences, arrondit les angles et sait se montrer plus indulgente. Aussi, ce fut mon premier refuge. Le rock, le folk, le jazz sortaient de toutes les fenêtres, les portes, les briques des boîtes, principalement du bas de la ville. À Greenwich Village, de vieux cinémas délabrés, transformés à la hâte en salles de concert, sièges arrachés pour y entasser un maximum de participants, proposaient des stars que l'on n'imaginait jamais rencontrer. Groupes déjà légendaires ou en devenir, dans des éclairages psychédéliques, noyés d'effluves particuliers tellement outranciers qu'on était « stoned » rien qu'à respirer. Parfois, un type ou une fille en tee-shirt délavé et pantalon « pattes d'eph » s'effondrait au pied d'un pilier fleuri de couleurs violentes et restait là, abruti d'alcool ou de LSD, le morceau de buvard imprégné d'acide à la main.

Sur la scène du Fillmore East ou du Circus, dans un désordre indescriptible se succédaient les Who, les Vanilla Fudge, Jimi Hendrix ou Janis Joplin. Miles Davis et Aretha Franklin au Village

Vanguard ou Duke Ellington en petite formation au Village Gate. Ray Charles, devant cinq mille personnes, gratuitement, sur la pelouse au milieu de Central Park. Bob Dylan, revenant sur les lieux de ses débuts, dans un bar miteux de Washington Square. Ritchie Havens au fin fond d'Alphabet City ou même Simon et Garfunkel à Lincoln Center. Je ne ratais aucune de ces nuits. New York, c'était la musique, et ma musique c'était New York. J'inondais Paris de papiers racontant cette scène délirante, sans oublier (surtout pour *Plexus*) les dessous d'une sexualité débordante dans les alentours de la 42e Rue ou (pour le *Nouvel Obs*) la montée de la résistance à la conscription pour le Vietnam lorsque, par exemple, les appelés brûlaient leur livret militaire devant les centres de l'armée, tandis que Joan Baez chantait sur une petite estrade. Déjà, dans l'hiver new-yorkais, on sentait poindre un printemps de révolte. Ici et même ailleurs.

⁂

Willy Schiller, que j'avais connu à l'époque de *Paris Presse* correspondant de ce quotidien à Londres, m'avait glissé lors d'un de mes séjours : « La prochaine fois, tu viendras me voir à New York... Je pars pour le bureau de l'ORTF là-bas. » Et il m'avait griffonné le numéro sur un bout de papier. Évidemment, je l'avais égaré mais je finis par retrouver dans l'annuaire le « French Broadcasting System »...

— *Mister Schiller, please...*
— Ne quittez pas, je vous le passe.
Damned, encore trahi par mon accent. Retrouvailles téléphoniques, invitation immédiate à venir le rejoindre.
À l'époque, l'Office de la radio-télévision française portait encore beau. Bureaux, studios sur la moitié du trentième étage du 1290, Avenue of the Americas, au bord de Rockefeller Center. Ça en jetait ! Willy m'a sauté au cou, a sorti une bouteille et des verres d'un de ses tiroirs et on a parlé du bon vieux temps, de ce que je faisais là, de la vie qui passe. Et puis soudain, la haute silhouette de Jacques Sallebert, le représentant de la maison pour l'Amérique du Nord, s'est glissée dans la petite salle de rédaction où crépitaient les télex et leurs sonneries.
— Willy... Ah, je te dérange ?
— Non, je te présente mon copain Claude Villers qui vient de s'installer ici.
Sallebert me tend la main et me dévisage d'un air pensif.
— Villers... Villers... vous n'étiez pas à Inter, vous ? Dhordain et Artur m'ont beaucoup parlé de vous... Vous devriez laisser vos coordonnées, j'ai peut-être des piges pour vous... À bientôt !
C'est ça, ai-je pensé, laissez votre nom et votre adresse, et on vous écrira. Tu parles !
J'avais raison. Il ne m'a pas écrit. Mais deux ou trois jours plus tard, sa secrétaire m'a téléphoné. Un remplacement pour intervenir dans l'émission hebdomadaire de Michel Godard *Musiques*

du monde (où il faisait le tour des bureaux à l'étranger pour connaître les derniers tubes). Surprise : « Mais tu m'avais caché que tu étais là-bas. T'étais parti sans rien dire, maintenant je veux que ce soit toi au micro… »
De là, tout s'est précipité. Un duplex par-ci, un reportage par-là. Un jour, Tournier, l'administrateur, m'a convoqué.
— Paris trouve que vous gagnez trop à la pige. Tenez, voici un contrat, signez là…
Et je suis devenu « correspondant permanent, recruté local » pour l'administration. Pour moi, une intégration méritée. Car je ne chômais pas. Faut dire que la télé accaparait de plus en plus les équipes du bureau et que la radio, quelque peu délaissée, pouvait compter sur ma contribution. Après tout, c'est pour cela que j'avais été engagé et c'est ce qui m'intéressait ! Bob Powers, le chargé des relations publiques, s'est occupé de m'obtenir ma carte de presse américaine auprès de la Préfecture de Police de New York (*NY Police Department*), une accréditation à l'ONU et c'était parti !
Le bureau comptait une dizaine de personnes. Sallebert, sa secrétaire, une réceptionniste-standardiste, un administrateur, une comptable, deux journalistes, deux cameramen, deux techniciens du son, une monteuse, Bob déjà cité et un personnage étonnant, homme à tout faire, M. Fabien un colosse haïtien ancien ministre de la Sécurité Sociale dans mon pays, charié par Duvalier, qui m'a appris à conduire et fait passer

mon permis auto. Je n'ai jamais été fana de la bagnole mais là impossible de compter sur un photographe ou un technicien obligeant pour me conduire. (À l'ORTF, avant que je parte, la voiture de reportage comportait même – syndicalement obligatoire – un chauffeur en plus du preneur de son. Une superbe ID 19, même si l'on ne dépassait pas l'avenue de Versailles ou le pont de Grenelle, en face de la Maison ronde !)
Au bureau de New York, il fallait pouvoir se débrouiller tout seul.
Sauter dans un avion, louer une voiture à l'aéroport dans un bled paumé de l'Arizona, bidouiller les combinés téléphoniques des chambres de motel pour passer la bande magnétique, montée à la va-vite sur le mythique Nagra*, au « KB »** à Paris. Quels que soient le jour, la nuit, l'heure (en tenant compte du décalage horaire). Quel bonheur pour un petit jeune homme d'une vingtaine d'années – nourri de récits d'aventures et de cartes de volumineux atlas – d'être amené à courir de l'Atlantique au Pacifique, du Grand Nord canadien au golfe du Mexique ! Je ne renie pas mon émerveillement

* Magnétophone professionnel – véritable studio ambulant –, 14 kilos sur l'épaule à l'époque. Quelques copains reporters ou techniciens en gardent encore quelques souvenirs cuisants, genre scoliose. Mais quel engin !

** K pour signifier enregistrement à la vitesse de 19 cm/seconde et B pour indiquer le centre Bourdais, qui, à l'origine, était le seul studio de la Radio nationale à recevoir ce type de modulation.

sans cesse renouvelé à la découverte de ce fantastique terrain de jeu !
Durant plus de trois ans, j'ai sillonné tout ce continent nord-américain (et même parfois plus) qui m'était ainsi offert. De plus, je touchais à tous les sujets. Il y avait bien un autre bureau à Washington DC, dirigé par Jean-Claude Héberlé, chargé prioritairement du suivi de l'information politique et des événements à chaud. Mais à moi tout le reste ou presque, dans les magazines des différentes chaînes de la « Régie de radiodiffusion ».
Ainsi, mon premier grand voyage sur la côte ouest fut pour aller interviewer début 1968, pour France Culture, à Berkeley (près de San Francisco), Herbert Marcuse, l'un des chantres de cette révolte étudiante qui allait bientôt atteindre notre vieille Europe. Je me souviens de ce vieux monsieur (né en 1898 !) digne et élégant, parlant vite et passionnément du mal-être de ses élèves de l'université. De cette sensation du vide qui les entourait, aggravée par l'enlisement d'une nation dans ce lointain Vietnam où de jeunes hommes, parmi les plus défavorisés, de plus en plus nombreux, devaient partir et mourir. Cette guerre commencée sous Kennedy et continuée, amplifiée par Lyndon Johnson, qui y envoya jusqu'à près de 600 000 GI en 1968.
Le professeur Marcuse, ce spécialiste de Hegel, n'avait pas de mots assez durs pour cette société américaine qui avait pourtant su l'accueillir lors de sa fuite d'Allemagne dans les années 1930,

pourchassé par les nazis triomphants. Il dénonçait les perversions d'un système basé sur le profit immédiat, l'individualisme forcené, la répression de l'utopie ou même simplement de l'imagination d'une jeunesse brimée par les convenances égoïstes et étriquées des générations précédentes, avides de leur confort nouvellement acquis. Un discours repris quelques semaines plus tard par les meneurs d'un mouvement devenu mondial.

Même en arrêtant les bombardements dévastateurs sur le Nord et en ouvrant les fameuses négociations de Paris avec le gouvernement d'Hanoi (en mars 1968), le Président américain ne pouvait calmer la colère des « Peaceniks » (contraction méprisante de « patriotes » pour ces beatniks pacifistes, adeptes du « Flower Power », le Pouvoir des Fleurs, chanté par des artistes comme Joan Baez ou Pete Seeger). À travers tout le pays, les manifestations se multipliaient, souvent durement réprimées. Tout comme la lutte des défenseurs des droits civiques, excédés par une ségrégation encore vivace et à peine déguisée par les autorités locales de certaines villes ou États. Dans le Sud, si nous prenions des Noirs en stop, ils nous demandaient de les laisser descendre avant les limites de la ville.

— Pour vous, c'est mieux, ajoutaient-ils en ouvrant la portière et en reprenant leur sac.

L'assassinat de Martin Luther King et ce qui s'ensuivit semblait tellement prévisible. Ce 4 avril 1968 au soir, j'étais chez moi et je regardais à la télévision le maire de New York, en smoking, inaugurer je ne sais plus quelle soirée mondaine. Soudain, je remarquai ses gardes du corps portant la main à leurs oreillettes, comme pour mieux entendre. Puis l'un d'eux se rapprocha du maire et lui murmura deux ou trois mots. Avant que l'on puisse juger de sa réaction, l'image disparut et sur l'écran apparut sous un mauvais éclairage le visage d'un des journalistes de la chaîne, pas encore maquillé.

— Nous interrompons ce programme pour un flash spécial d'information. Ce soir, le révérend Martin Luther King a été abattu par un tireur isolé sur le balcon de son motel à Memphis, Tennessee. Nous sommes en liaison avec un de nos confrères de notre station locale, qui se trouve sur place…

Avant même d'entendre la suite, j'enfilai un blouson à la hâte, attrapai mon Nagra à la volée et, criant un « bye » rapide à ma compagne, je dévalai les escaliers et sautai dans le premier bus pour Harlem. À la 110ᵉ Rue, la limite nord de Central Park, des immeubles flambaient déjà, des cars de police déversaient leurs cargaisons d'agents casqués, matraques déjà levées. Les brigades à cheval chargeaient la foule déchaînée qui jetait des pavés et des pierres. À côté de moi, un cameraman de CBS s'effondra, touché par la croupe d'une des bêtes. Ensanglanté, il gisait près de sa caméra brisée. À l'époque, on était loin des engins légers et de dimensions réduites d'aujourd'hui. Sa caméra de direct, avec un énorme émetteur dorsal, pesait dans les 30 kilos. Des secouristes arrivaient rapidement avec leurs brancards tandis que la foule augmentait, continuant d'avancer, et que les flics, impuissants, reculaient. Certains s'armaient déjà de « shotguns », d'autres se contentaient de balancer des grappes de grenades lacrymogènes. Puis, soudain, tout se fige. À grand renfort de sirènes et de gyrophares, s'immobilisent en travers de l'avenue des voitures de patrouille, entourant une limousine noire d'où sort la mince et svelte silhouette d'un homme en tenue de soirée, aux allures de Robert Redford. Face à la foule soudain calmée, dans un silence troublé par un murmure lancinant : « *The Mayor... The Mayor...* » (Le maire... le maire...), John Lindsay ôte sa veste de smoking, dénoue son nœud papillon, fait sauter les premiers boutons de sa chemise blanche et, écartant ses gorilles inquiets, s'avance vers la masse hostile, commence à serrer des mains, à embrasser des femmes, à serrer des enfants sur son cœur. Des applaudissements montent, timides, et puis il revient vers sa voiture, grimpe sur le capot avec ses souliers vernis et, sans micro, improvise un discours. Dans la lueur écarlate des incendies, sur fond de flammes crépitantes et de hurlements des camions de pompiers qui accourent, il parle, trop doucement. « Plus fort ! » crient les rangées du fond. Un agent lui tend son Mégaphone. Alors, on entend des paroles d'apaisement, de fraternité, de solidarité.

— Ce qui est arrivé ce soir n'est pas votre faute, pourquoi voulez-vous vous punir vous-mêmes en détruisant votre quartier, vos maisons, vos écoles ? Parlons, agissons, montrons à nos enfants que nous pouvons vivre ensemble, même si cela paraît si difficile... C'est faire injure à la mémoire de cet apôtre de la non-violence que de penser pouvoir changer les choses avec seulement la haine pour arme...
Quelques mots pour rappeler la vie de l'ancien prix Nobel et les résultats de ses campagnes pacifiques pour l'amélioration de l'entente entre les hommes de bonne volonté.
La scène était irréelle. On entendait à présent ses phrases scandées par les « *Yeah...Yeah...* » de l'assistance. Après la véritable ovation qui salua le départ du cortège officiel, les émeutiers rassérénés restèrent là, discutant par petits groupes, laissant les pompiers rouler leurs tuyaux. Les incendies circonscrits, chacun rentra chez soi.
C'était ça aussi, New York. De brusques tensions, des colères, le bruit, la fureur et, soudain, comme une oasis de paix s'élevant sur un mot, une idée, un rêve. D'autres villes – aux édiles moins charismatiques – connurent des nuits plus tragiques. Dans la lueur des flammes, les hommes casqués de la Garde nationale*, baïonnette au canon, parcouraient les rues de Washington DC, la capitale, à moins de cent

* Militaires volontaires mobilisés pour des opérations de maintien de l'ordre, un peu à l'image de nos gendarmes mobiles.

mètres de la Maison-Blanche. Difficile à comprendre pour qui ne vit pas là. Ce qui m'a valu quelques altercations avec des chers confrères accourus de France. Cet antagonisme entre « correspondants permanents » et « envoyés spéciaux » a toujours existé. La preuve m'en a été donnée en maintes occasions, ne serait-ce que deux mois à peine plus tard, lors de l'assassinat de Robert Kennedy à Los Angeles, en pleine campagne électorale pour la nouvelle présidence ! Ou d'autres événements importants qui jalonnèrent ma période américaine. Heureusement, il n'y eut pas que des épisodes tragiques.

Par exemple, le meurtre de Robert Kennedy au début du mois de juin 1968 interrompit – par sa gravité – la grève que, solidaires de nos confrères parisiens, nous avions entreprise en mai. Même notre patron Sallebert avait cessé le travail et toute l'équipe participait au mouvement. Nous occupions les locaux et seule la réceptionniste-standardiste, Stanis, refusait de s'y associer, nous accueillant chaque matin en proférant un « Vous n'êtes pas capables de mourir pour le général de Gaulle » dont nous voulions rire, sachant bien que les CRS ne viendraient pas nous déloger.

Ce fut une expérience bizarre. En France, les téléphones ne fonctionnaient plus. Les relations aériennes ou maritimes (donc la Poste) avec notre pays interrompues, nous ne recevions comme informations que les interventions des journalistes des radios télévisions US, installés ou montés à Bruxelles pour diffuser. Les photos ou

les images télévisées étaient effarantes. Bien sûr, les opérateurs de prises de vues choisissaient les meilleurs angles, mais on avait l'impression que Paris était à feu à sang.
Après la reprise d'activités progressivement normales, nous avons vu revenir de rares compatriotes, visiteurs, membres d'équipage de la Transat ou d'Air France. Parmi ces premiers témoins de l'après-mai, certains se montraient plus diserts, plus impliqués, plus engagés ou plus... bavards. Ce fut le cas de François Truffaut ou de Jean Ferrat.
De par le charisme et la réputation de Jacques Sallebert, le bureau de New York passait un peu pour une ambassade de France*. Et toutes les personnalités des arts, des lettres ou de la culture, en général, s'y retrouvaient à chacun de leurs passages. La cave du patron était toujours bien garnie et ils se refilaient l'adresse. Parfois, l'un de nous poussait même l'obligeance jusqu'à les accueillir à l'aéroport ou à la gare maritime, puis à leur servir de taxi, de guide dans la grande ville et même, pour les dames seules, à les accompagner à des galas ou des premières.
C'est ainsi que je fus le chevalier servant, en tout bien tout honneur, de Jane Fonda, Mireille Darc, Claude Sarraute ou d'autres. Pour cette dernière, la mission était de l'escorter dans les sex-shops

* La vraie est à Washington, la capitale des USA. New York est bien le siège de l'ambassade à l'ONU (assez réduite) et d'un consulat général, mais dans le domaine de l'accueil et de l'amabilité, y avait pas photo !

de la 42e Rue ! (L'équivalent français n'existait pas encore.)
Jean-Claude Luyat, l'un des cadreurs du bureau, avait appris l'arrivée de Truffaut (avec qui il avait travaillé autrefois) qui venait présenter l'un de ses derniers films le lendemain au Paris, le cinéma d'exclusivités françaises, à côté de l'hôtel Plaza. Je me joignis à l'équipe télé pour un « deux minutes » simultané radio-télé, comme nous avions parfois l'occasion de le faire. Deux minutes ! En fait, nous sommes restés tout l'après-midi dans sa petite chambre de l'Algonquin – un des hôtels mythiques de New York – pour l'entendre nous raconter cette « révolution » de mai 68 dans notre pays (dont le fameux épisode du Festival de Cannes avorté !).
Ferrat, lui, je l'avais connu au *Pop-Club* et on s'est baladés ensemble – dans l'été déjà étouffant – avec son producteur Gérard Meys. Des jours, des soirs à Central Park, au restaurant, à les écouter me relater ces « grandes heures » d'un événement que je me maudissais de n'avoir pas vécu.
En réalité, certains de mes confrères grévistes, là-bas, le payèrent très cher. Renvois, mises à pied, placards, mutations... Plus tard, certains comme Louis Roland Neil ou Emmanuel de La Taille viendront « expier leurs fautes » dans notre « bagne » outre-Atlantique. Quant à Jacques Sallebert, il sera rappelé et mis au piquet un certain temps avant de retrouver des postes à la mesure de ses compétences. La répression en guise de réorganisation ! Ou l'inverse.

5

Woodstock

La ville était à mes pieds.

Ce n'était pas un sentiment de puissance, mais un véritable coup de chance. À mon arrivée dans l'antre new-yorkais de l'ORTF, il restait, au bout du couloir, une vaste salle servant de remise : des boîtes d'archives mal rangées, des fauteuils et un long canapé défoncés, de vieux magnétophones sur socle, des bandes magnétiques empilées à la va-vite.

— Faites ce que vous voulez, m'a dit Sallebert en conduisant sa visite des lieux.

D'un regard, je jaugeai la pièce en face du studio. Pas nécessaire de me le répéter deux fois. En trois jours, j'avais tout trié, jeté, nettoyé, retapé et j'avais transformé le débarras en une pièce magnifique, ce qui allait me valoir cette observation d'un directeur général en visite surprise : « Vous avez un bien joli bureau, monsieur

Villers » avant qu'il ne s'endorme, vaincu par le décalage horaire (et ronfle, au grand désespoir de ses adjoints ou conseillers, énarques comme lui, et dont certains séviront longtemps après).
Et c'est vrai, je n'en ai plus jamais connu d'aussi extraordinaire. Situé en angle, avec deux larges baies vitrées, mon bureau avait vraiment de la gueule. Renversé dans une vieille chaise à ressort comme j'en avais vu cent fois dans les films américains sur la presse, manches de chemise retroussées, je tournais le dos à l'extrémité de la flèche de la cathédrale Saint Patrick (nous étions au trentième étage !) et face à moi je pouvais voir la pointe de Manhattan où apparaissaient parfois les paquebots transatlantiques s'apprêtant à remonter l'Hudson ou l'East River pour s'arrimer aux *piers*, gares maritimes décorant l'île étroite comme des branches de sapin de Noël. Mes visiteurs s'installaient dans les profonds fauteuils encore en état ou sur le sofa en cuir véritable sauvegardé et rembourré, avec sous les yeux ma table de travail couverte de journaux, de dessins, et, au-delà, ce formidable panorama. Même Sallebert ne possédait pas une vue pareille ! Dans le sien, avantage certain, trônait toutefois un miniréfrigérateur bien garni et dont d'ailleurs il nous laissait largement profiter. De même que son talent, sa générosité était reconnue par tous. Il fut certainement l'un des meilleurs patrons de bureau local. En échange, il pouvait demander beaucoup.

Pour Noël 1968, je devais théoriquement prendre quelques jours de vacances et passer une semaine en amoureux avec ma chère et tendre dans les montagnes enneigées du Vermont. Nous avions déjà réservé. La veille du départ, patatras, il m'arrête dans le couloir : « Au fait, cette nuit (décalage horaire oblige), vous viendrez avec moi à ABC, je dois réaliser plusieurs directs radio et TV du vol d'Apollo autour de la Terre ! Ça va être du boulot, je ne peux pas faire ça tout seul. Tous les autres ont des obligations familiales, vous n'avez pas d'enfant et puis… c'est vous le plus jeune !
— Mais…
— À tout à l'heure !
Je vous passe ma conversation téléphonique avec madame, même si elle était habituée aux aléas de ce métier !
Cette nuit-là, la corvée se transforma vite en émerveillement. Dans une petite cabine, nous pouvions suivre sur un écran de contrôle les premières images (en couleur pour nous !) de la Terre vue de l'espace. Une boule bleue où se dessinaient distinctement les contours verts ou blancs des continents, comme sur ces mappemondes des salles de classe, quand on était bien obligés de croire ce que disait l'instituteur. La Terre était ronde ? Bon, d'accord, avec l'âge, je m'habituais et je ne voulais pas décevoir les plus instruits que moi, les ceusses qui, quand même, étaient allés plus longtemps que moi aux écoles ! Un jour, on n'y pense plus, on vit avec cette

certitude absorbée comme une table de multiplication. « Ah oui, la rotondité de la Terre... Bof... » C'est avec cette capacité d'indifférence envers tout ce qui les dépasse que les adultes, lorsqu'un enfant pose la question qui les perturbait tant, eux aussi, autrefois, répondent, l'air agacé : « Parce que... parce que c'est comme ça ! »

Je ne saurais toujours pas expliquer pourquoi la Terre est ronde, mais cette nuit-là je fus convaincu de la véracité du fait. Et tandis que l'un des astronautes dans sa capsule, à des centaines de milliers de kilomètres, lisait une page de la Bible que traduisait mon boss, je me répétais intérieurement : « C'est donc vrai... »

Je crois que cette nuit, même si elle ne fut pas aussi... disons sentimentale que je l'avais espéré, m'a marqué autant, et peut-être plus, que le « petit pas » d'Armstrong sur la Lune.

Découvrir cette « Terre, bleue comme une orange »...

Le poète a toujours raison.

Au petit matin, nous sommes sortis sur la 6e Avenue (Avenue of the Americas) et, avant de remonter vers le bureau, même Sallebert a regardé le timide bleu du ciel se dégageant de son lit de nuages. En chemise, d'une voix que je ne lui connaissais pas, il a murmuré : « C'était bien, non ? » Un silence... et puis sans attendre il a ri et ajouté rapidement : « Ça s'arrose. » Je l'ai suivi au bar privé de CBS, dans l'immeuble de verre noir de l'autre côté de la rue. Il connaissait

tout le monde et surtout le barman. Nous nous sommes assis à une table drapée de blanc.
Je me rappelle encore la rose rouge dans son mince vase pâle sur la nappe. Et il a commandé : « *Two specials* ». Quelques instants plus tard, le breakfast à l'américaine habituel est arrivé : les œufs (*sunny side up* – le jaune au-dessus), le café, les toasts. En guise de jus de fruits, ce que je croyais n'être qu'un simple jus de tomate était agrémenté de vodka, de Tabasco, de poivre et de sel de céleri. Mon premier bloody mary ! À réveiller un mort ! Après le café, on a continué au Champagne. Une autre première !
Un certain nombre de verres plus tard, on est remontés dans notre repaire. Deux ou trois papiers pour les journaux et on est rentrés se coucher. Ma compagne était déjà partie travailler. Lorsque je l'ai appelée à son bureau, la conversation brève et froide se limita à quelques banalités et je m'endormis. Je fus réveillé par un appel de Denis Tournier, l'administrateur.
— Si vous voulez votre prime en liquide, demandée par Jacques, faut venir la chercher maintenant car je pars tout à l'heure en week-end et je suis seul à détenir la clé du coffre…
Le soir, quand Charline est rentrée, je lui ai à peine laissé le temps de poser son manteau.
— Prépare ta valise, on s'en va !
J'ai commandé un taxi. Le chauffeur, en chargeant nos bagages, se voyait déjà parti pour l'aéroport. Quand je lui ai indiqué : « Au Plaza… », il a fait une drôle de tête. Cinq

minutes plus tard, nous étions devant le palace, à quelques rues de chez nous. Le lendemain, au réveil, il y avait de la neige sur Central Park ! Noël 1968…

⁂

Tous les ordres de mon chef n'aboutissaient pas à une conclusion aussi féerique. C'est ainsi que, toujours sous le prétexte de ma jeunesse, je me suis retrouvé à Saint-Pierre-et-Miquelon pour remplacer d'urgence un collègue malade. Deux mois en plein brouillard, au cœur de cet archipel français perdu dans l'estuaire du Saint-Laurent, juste en dessous de Terre-Neuve. Deux mois à lire, deux fois par jour, les avis de décès, les bans de mariage, les annonces de naissance, les relâches des chalutiers, les accidents à bord des flottes de pêche à la morue communiqués par l'hôpital, la préfecture ou la station météo. Le reste du temps (80 %), nous diffusions France Inter (étrange d'écouter, dans cette ambiance, les échos d'embouteillages à Paris).
Je logeais dans une pension de famille. Le matin, en ouvrant les volets, je distinguais à peine le mur de l'autre côté de la ruelle. Le soir, comme seule distraction, les bagarres dans les bars des marins saouls en escale (de plus en plus rares avec la généralisation des bateaux-usines) ou les bordées des matelots de la Royale (marine militaire) en « mission d'assistance sur zone ». Obligé de me lever tôt, je finissais ma bière avant que ça

ne dégénère, prévenu du changement d'ambiance par le patron, un ancien de la Garde républicaine aux moustaches impressionnantes. En m'esquivant, je le voyais saisir sous le comptoir non pas un sabre mais son nerf de bœuf, tandis que les chaises commençaient à voler. Dans la journée, je me baladais sur le port ou sur les rivages déchiquetés des maigres îles, toutes différentes mais aux maisons, aux collines ou à la lande uniformément courbées sous le vent.

Malgré tout, j'ai adoré cette parenthèse et presque regretté de ne pas être resté plus longtemps. Je dis « presque » car ce n'est pas évident pour un jeune homme seul, à peine confronté au bouillonnement apocalyptique d'une mégapole comme New York, d'affronter un univers relégué, oublié de tous, même et surtout de la mère patrie.

Fasciné par la vie dans ces îles, j'ai eu l'occasion d'y retourner quelquefois. On y retrouve toujours le même abandon, la même désolation, peut-être pire encore maintenant.

⁂

Dans le même ordre d'idées, je dois aussi à Jacques Sallebert une autre révélation qui changera profondément ma compréhension des « choses » de ma vie. À cause de lui, j'ai contracté une maladie grave, dont je garde toujours les séquelles : la ferrovipathie ou passion poussée à l'extrême des chemins de fer. Cent ans

plus tôt, le 10 mai 1869, un clou d'or réunissait les voies ferrées de l'Est et de l'Ouest à Promontary Point (Utah), achevant la liaison transcontinentale. En 1969, pour fêter le centenaire de cet événement, le gouvernement et les compagnies privées impliquées organisaient un train spécial.
À l'époque, ce moyen de transport m'évoquait surtout les heures passées sur les banquettes en bois de 3e classe entre Arras et Paris, les départs et retours de vacances avec les parents, debout dans le couloir d'une voiture (on ne dit wagon que pour les marchandises) surchargée, les yeux bouffis d'escarbilles venues de la locomotive à vapeur par les fenêtres ouvertes ! J'avais bien évolué en travaillant avec José Artur, grâce à l'accession au tissu cossu des premières du Train bleu vers Cannes, avec le confort des voitures Pullman, des compartiments-lits, et du restaurant auquel vous invitait le tintement aigrelet de la clochette du steward en veste blanche : « Premier service... Premier service... ». Mais quand même, pour un garçon moderne, l'avion, ça surclassait tout. Surtout aux États-Unis, où le train d'ailleurs ne le concurrençait plus du tout sur les longues distances. « Cinq heures contre six jours, difficile de lutter », pensais-je.
Comme personne au bureau ne voulait rester enfermé près d'une semaine à bord de l'antiquité ressortie pour l'occasion, une fois de plus, Sallebert désigna un volontaire. Devinez qui... Râlant, pestant, grognant, je m'embarquai avec

une équipe TV pour laquelle je devais, en plus, tenir la torche d'éclairage.
Au fil des jours, Tony Daval le cameraman, seul fondu de train, engagé de son plein gré dans l'aventure, sut me calmer, me captiver et me convertir à sa passion. Grâce lui soit rendue. Dire qu'il fallait rentrer en avion ! Sur le coup, je l'ai regretté, mais je me suis rattrapé depuis.
L'amour des paquebots m'est venu aussi très tôt, là-bas. À cette époque, il existait encore un nombre impressionnant de ces *liners*, malgré la concurrence acharnée de l'avion, à effectuer les liaisons avec la vieille Europe. Des navires anglais, italiens, suédois, allemands ou espagnols assuraient la ligne régulière. On oublie souvent que New York City est aussi un port de haute mer.
Depuis 1962, *France* arpentait toujours le boulevard de l'Atlantique, arrivant et partant à dates et à heures fixes, comme un autobus flottant. Dès que je voyais sa silhouette si caractéristique avec ses cheminées rouge et noir en chapeau de gendarme, poindre à l'horizon, je descendais de mon perchoir et partais à sa rencontre au *pier* 88 de la French Line. J'y parvenais juste au moment où il effectuait sa manœuvre pour se présenter nez en avant, vers la 42e Rue, son étrave noire dominant le quai, parfois salué d'un coup de sirène par son voisin déjà arrimé. Avant New York, j'ignorais tout du monde maritime, sauf ce que j'avais pu en lire. Mille millions de mille sabords ! Avec Tintin et le capitaine Haddock, je

m'étais souvent embarqué sur des rafiots de toutes sortes. Avec Jack London, je croisais dans la baie d'Oakland ; grâce à Jules Verne, je plongeais aux côtés du capitaine Nemo ; avec Stevenson, je naviguais sur le Pacifique ; avec Blaise Cendrars, je vibrais sur *Normandie.* Je suivais Albert Londres et tous ses confrères reporters d'une époque où naviguer était encore le seul moyen de traverser l'Atlantique.
Gosse, je dévorais les aventures des grands découvreurs d'océans, de Cartier à Vasco de Gama, de Barbe Noire le pirate à Surcouf le corsaire. J'accompagnais Pierre Loti en Polynésie ou en Islande... J'avais même, sans qu'on me l'impose, appris par cœur *Oceano Nox* de Victor Hugo : « Combien de marins, combien de capitaines... » et, pour rassurer mon père sourd à ma vocation journalistique, je prétendais un temps apprendre le métier de cuisinier mais... sur un paquebot ! « Ah, ça, c'est plus raisonnable... » Le pauvre... S'il voyait ce que sont devenus les géants des mers et leurs équipages ! Des ronds dans l'eau, sous le soleil des Caraïbes qui ne bronze même pas leurs coques uniformément blanches. Mais en 1968 nous n'en étions pas encore là. Certains voulaient encore y croire et, inquiets ou malades en avion, optaient toujours pour ce moyen de transport. À l'image de ma dulcinée qui me fit ainsi connaître – pour de vrai – l'exaltation des voyages sur les océans. Grâce à elle, des bateaux, j'en ai connu des tas. Des grands, des gros, des gras. Pourtant...

Mon baptême de la mer, ce fut sur un petit vieux de la Cunard, le *Franconia*. Un navire utilisé autrefois par la compagnie britannique pour l'immigration au Canada ou le transport de troupes coloniales de l'Empire. Pas des plus luxueux ni des plus confortables mais... des moins chers. Pour mon amarinage, j'ai connu l'une des plus terribles tempêtes de ma vie. Une journée entière ballotté, jeté à terre malgré les cordages tendus dans les coursives, avec interdiction de sortir sur les ponts. De toute manière, nous étions peu nombreux à avoir osé quitter nos couchettes. Sur sept cents passagers, nous n'étions que sept présents dans la salle à manger pour le déjeuner, que certains, d'ailleurs abandonnèrent avant la fin. Même proportion d'absents côté personnel. Quand, avec le café, j'ai commandé un havane, le maître d'hôtel a tourné son visage blême en ouvrant l'humidificateur, puis s'est sauvé, oubliant le coupe-cigare en argent. Par un sabord donnant sur l'avant, juste sous la passerelle de commandement fermée au public, je voyais la proue grimper vers un ciel aussi gris que les vagues et plonger dans une véritable vallée creusée entre les murailles de lames gigantesques, avant de rouler d'un côté sur l'autre. En avant, en arrière, à bâbord, à tribord, sans discontinuer. Parfois, j'entendais rugir l'hélice émergée, à moins que ce ne soit le vent qui s'amplifiait. Mon cigare terminé, je me suis dirigé vers le cinéma. La salle était déserte. Installé au premier rang, je me tenais aux

accoudoirs pour ne pas me faire éjecter de mon fauteuil. Le film, c'était *La Panthère rose*, avec Peter Sellers. Par moments, les rideaux balayaient l'écran et les dialogues devenaient inaudibles, couverts par la mer en furie.
Le soir, la tempête s'était – presque – calmée. Les tables de la salle à manger, garnies de convives invisibles durant toute la journée, retrouvaient leur animation. Au dessert, le maître d'hôtel en smoking s'est avancé vers moi, a soulevé le couvercle de la boîte en bois précieux pleine de mes trésors préférés, l'a inclinée et a murmuré en souriant : « Choisissez un cigare… de la part du médecin du bord ! » L'humour anglais…
Le lendemain, le calme le plus total régnait sur l'océan. Sous un soleil éclatant se profilaient les rivages de l'archipel des Bermudes. Le *Franconia* a salué son entrée dans le port d'Hamilton (la capitale) du mugissement profond de sa corne de brume. Deux ou trois fois. Comme autant de soupirs de soulagement d'avoir échappé à la terrible malédiction du Triangle des Bermudes !
J'en frissonne encore… de plaisir.

⁂

Ce matin, en sortant du bureau, j'ai serré la main de Richard Nixon !
Remarquez, je ne l'ai pas fait exprès.

Je venais de quitter le Sperry Rand Building par une porte latérale donnant sur la 51e Rue ouest*. Je devais retrouver pour déjeuner un copain, Jean-Claude, vendeur à la Librairie de France, au cœur de Rockefeller Center. Soudain, un petit bonhomme, entouré d'armoires à glace et d'une nuée de photographes et de cameramans, se précipita sur moi en me tendant la main.

— *Hello* ! a-t-il crié. *How are you* ?

Sans attendre ma réponse, il m'a saisi le bras puis s'est accroché à ma dextre dans un cliquetis d'appareils photo, en me donnant une tape sur l'épaule. J'ai juste eu le temps de reconnaître Nixon et il a disparu en répétant son geste vers une dame aussi éberluée que moi. J'ai senti le regard d'un gorille à oreillettes et lunettes noires mémorisant mes traits stupéfaits et puis lui aussi a disparu sans sourire. Un peu plus loin, au coin de la rue, « Tricky Dicky » (Dick le Tricheur), aidé de deux flics, est monté sur le capot de sa voiture pour haranguer la petite foule attroupée. La campagne électorale des présidentielles battait son plein. Nixon, ancien vice-président d'Eisenhower avait surtout été le rival malheureux de John Kennedy en 1963. L'opposition démocrate avait ressorti les vieilles affiches le représentant dos voûté, se frottant les mains, l'air sournois, avec comme légende : « Achèteriez-vous une

* « Pour te repérer, c'est simple, quand tu descends la 5e vers le sud de Manhattan, l'East Side se trouve sur ta gauche, le West Side sur ta droite », m'avait-on appris dès mon arrivée à New York City.

voiture d'occasion à cet homme ? ». Nixon devait affronter maintenant – après l'assassinat de Robert Kennedy – le vice-président de Lyndon Johnson, Hubert Humphrey, partisan de la poursuite de la guerre au Vietnam. La désignation de ce dernier, fin août 1968, à la convention du parti à Chicago, ne s'était pas déroulée sans heurts. La police de la ville avait chargé les manifestants, matraques haut levées, et même frappé pour la toute première fois des journalistes. On comptait des centaines de blessés et un beau scandale, dénoncé bruyamment par la presse outrée, peu habituée dans ce pays à ce genre de traitement. (Nous, on rigolait : chez nous en France c'était alors une constante.)

Suivre une élection présidentielle aux États-Unis n'est pas une chose aisée. La comprendre, encore moins. L'expliquer, relève pour un journaliste européen, de la prouesse. C'est un peu comme vouloir commenter une partie de base-ball ! Mais je crois qu'il s'agit là d'un exercice obligatoire si l'on veut saisir l'âme de ce pays... et ses divisions. Sallebert et Héberlé y réussissaient pleinement. Moi, j'apprenais, quand on me laissait m'envoler avec l'un ou l'autre pour une primaire dans un État peu peuplé du Middle West. Je serais resté un peu plus longtemps dans le pays, j'aurais été prêt à couvrir la prochaine élection.

En tous les cas, au mois de novembre, les citoyens américains achetèrent la voiture d'occasion de Richard Nixon et même lui renouvelèrent

leur confiance quatre ans plus tard. On sait comment ça s'est terminé.
Élections, manifestations contre la guerre, contre le racisme, émeutes, invasion du Cambodge (en 1970), massacres, crimes divers, c'était notre quotidien. Mais nous étions également confrontés à des événements plus gais : premières au Metropolitan Opera, dans les théâtres de Broadway ou même off-Broadway, comme ce « *Jacques Brel is alive and well and living in Paris* » (Jacques Brel est en bonne santé et vit à Paris), compilation en anglais des chansons de Brel, traduites par Mort Shuman, jusqu'alors auteur pour Elvis Presley. Et puis nous tournions tous ces sujets magazines pour des émissions comme *À l'affiche du monde* de Christophe Izard et Claude Fléouter, sorte de *Cinq Colonnes à la une* de la culture rock pour laquelle, avec une équipe de TV, je partirai sur les routes dans un tour d'Amérique de près d'un mois ; des reportages sur les immigrés français et leurs descendants pour *Nos cousins d'Amérique* dans le Nevada, le New Hampshire, les bayous de Louisiane ou les rues de New Orleans. Des milliers et des milliers de kilomètres, de Boston à Hawaii, de l'Alaska à la Floride.
À l'époque, le rock gagnait ses galons. J'étais à l'affût du moindre festival à travers ce pays. Les groupes foisonnaient. Un promoteur eut l'idée de réunir ceux qui étaient les plus en vue, non plus dans des salles trop petites, mais sur une scène en plein air, dans un lieu inhabituel : sur un

champ de courses hippiques, à la périphérie d'Atlantic City, le Las Vegas de la côte est, dans le New Jersey, l'État voisin (au sud) de New York. La vedette en était Janis Joplin.
Après, ce fut Atlanta et enfin, et surtout Woodstock. Ces jours de fin août 1969, près de 500 000 jeunes envahirent (au grand dam des fermiers) les champs d'un village voisin, proches de Bethel. Personne ne s'attendait à une telle affluence. D'ailleurs, quelques jours plus tôt, en conférence de rédaction, Sallebert avait écarté ma proposition de le couvrir : « Ah ! Vous et vos trucs de môme... ». Au soir du premier jour de la manifestation, les radios et les télés commencèrent à parler de l'événement : la foule qui s'amassait, les embouteillages qui bloquaient les routes avoisinantes... Je décidai de transgresser les ordres et d'aller y faire un tour. Comme j'étais de permanence, j'avais garé devant chez moi l'une des voitures de la maison, une énorme *station-wagon* gris et vert. Au moment où, Nagra en bandoulière, je m'apprêtais à franchir la porte, le téléphone a sonné. C'était un copain, photographe correspondant d'une agence. Il m'a seulement dit : « T'as vu ? » Je suis passé le chercher et on est partis vers Woodstock. Nous avons abandonné la voiture à six ou sept kilomètres des lieux et fini notre route à pieds, matériel à l'épaule.
Nous sommes restés la nuit et le jour dans une ambiance insensée, à voir se succéder sur scène Country Joe and the Fish, Santana, Canned Heat

(*On the Road Again*), Creedence Clearwater Revival, les Grateful Dead et l'immense Janis Joplin. Mais le spectacle était aussi dans la foule, entre les vapeurs de marijuana et la désarmante impudeur des jeunes filles en fleurs. Comme je devais rendre la voiture le lendemain, on est rentrés (sans dormir) par le même chemin, à pied, notre récolte de sons et d'images sur le dos. Nous étions épuisés. Au retour, je conduisais. J'ai dû fermer les yeux pendant deux secondes. Je me suis réveillé très vite au son du flanc de la bagnole grinçant contre la glissière de séparation de l'autoroute. Un peu plus loin, nous nous sommes arrêtés pour prendre un café et constater les dégâts. Ma portière, enfoncée, comme toute l'aile et la partie gauches, la peinture arrachée par le rail en acier.

— Merde ! Comment je vais expliquer ça…

Je n'étais pas censé aller là-bas…

Pendant tout le trajet, je n'ai pensé qu'à ça. À l'arrivée, j'ai à peine dormi.

À la réunion du matin suivant, Sallebert paraissait embêté. « Il a dû constater les dégâts au garage en arrivant… » ai-je pensé.

— Paris n'arrête pas de m'engueuler car je n'avais personne à Woodstock… Et en plus, Inter vous a téléphoné et vous n'étiez pas là durant deux jours. Bon sang, qu'est-ce que vous foutiez ?

— Ben, euh… j'étais à Woodstock !

— Quoi ! Vous me dites ça maintenant ? Écrivez un papier et téléphonez à Paris tout de suite... et que ça saute !
— Mais, euh... vous savez, je voulais vous dire...
— Plus tard !... Allez, au boulot.
Plus tard... quand je lui ai révélé l'état de la voiture, il m'a regardé et a bougonné : « C'est rien. » Grâce à mes renseignements, il a même fait deux ou trois plateaux pour la TV et je n'ai plus jamais entendu parler de l'incident.
Mission accomplie. Comme un grognard vétéran d'Austerlitz, nous pouvions assurer : « Woodstock, nous y étions ! » C'est ça, la beauté du service public ! En récompense, Sallebert m'a envoyé, avec une équipe télé, au festival suivant à Hollywood (en Floride, au nord de Miami). Ce qui nous a valu une interpellation de la police. Les progrès de la vidéo ont fait oublier qu'à cette époque nous tournions en film (16 mm) avec un lourd matériel d'éclairage et des boîtes de pellicules, répartis dans des caisses imposantes. En arrivant, pour éviter le vol, il fallait décharger l'ensemble de la voiture de location et le répartir dans les chambres. Quand nous sommes revenus après dîner, la nuit tombée, à notre motel, les portes ne s'ouvraient plus. Soudain, une dizaine de flics nous ont plaqués contre un mur, mains derrière la tête, jambes écartées, pour nous palper, sans doute à la recherche d'armes éventuelles, tandis que deux ou trois de leurs collègues nous tenaient en joue avec leurs *shotguns*. Nous n'y comprenions rien. Ils se sont

adoucis en trouvant nos cartes de presse dans nos portefeuilles. Nous avons pu baisser nos bras croisés sur la nuque et on s'est expliqués. Le gérant du motel, inquiet de notre manutention de l'après-midi, et suspicieux en nous entendant parler une langue étrangère qu'il ne connaissait pas, avait téléphoné aux services du shérif, qui lui avaient conseillé de changer les serrures et envoyé des voitures de patrouille. Après ouverture des portes par notre zélé citoyen, nous avons été obligés de tout déballer pour prouver notre bonne foi. Le lendemain matin, on a changé de quartier général, en prenant soin de prévenir l'employé de la réception de la nature de notre travail avant d'emménager.

Faut-il préciser que dans cette fin des années 1960, et même un peu après, une équipe de tournage de reportages magazines, dite légère, comptait quatre ou cinq personnes : un cadreur (in French : cameraman), un ingénieur du son, un éclairagiste, un journaliste et même parfois un réalisateur ! Pas question alors de JRI (journaliste reporter d'images) envoyé seul, parfois même avec un Caméscope. Quand on ne se contente pas, aujourd'hui, d'images d'amateurs.

Jusqu'à fin 1969, nous tournions en noir et blanc si c'était pour la « première chaîne 819 lignes », la principale alors en France. Tous les récepteurs n'étaient pas encore en mesure de recevoir la couleur, privilège réservé pendant quelque temps encore aux heureux possesseurs d'appareils équipés de la « deuxième chaîne couleur »

– c'était son nom – en 625 lignes ! (La troisième n'apparaîtra qu'en 1973.) En revanche, j'ai vu des opérateurs, dans des « sujets journal », utiliser des Bell Howell, ces petites caméras mécaniques muettes qu'il fallait remonter comme une pendule toutes les cinq minutes. Le son était ajouté en studio. Dans les cas d'urgence, le négatif prenait l'avion le soir même. À Orly, un motard l'attendait au petit matin pour le porter à Cognac-Jay, où il était développé, monté et pouvait « faire » le journal de 13 heures.
Les « magazines » bénéficiaient d'un autre traitement. Développement dans un labo puis passage entre les mains d'une monteuse affectée au bureau. J'adorais me rendre dans cette salle toujours sombre, la regarder manipuler en gants blancs la colleuse et donner un sens à ces images, ces sons souvent dans le désordre, avec le réalisateur ou le journaliste assis à côté d'elle, les yeux rivés sur l'écran et les chutes du film pendues aux clous d'un bac pour plus tard ou pour jeter. À New York, j'ai connu deux de ces magiciennes : Andrée Werlin, qui nous quittera pour aller travailler avec Cousteau aux Requins associés (le nom de sa société), et Dominique Colonna, une Corse mariée à David Belfort, un metteur en scène américain. Une fois le sujet monté, M. Fabien, ou l'un de nous à tour de rôle s'il était tard, fonçait à Kennedy Airport confier le « hors sac » orange, siglé ORTF, directement sur la piste au commandant de bord de l'unique vol d'Air France. Comme un localier de la PQR

(presse quotidienne régionale) dans un petit village, à un chauffeur de car.
Coup de vieux. Je vous parle d'un temps où le Net, le mail, le scanner n'existaient pas.

⁂

Avant de passer à table, on déguste nos apéros au comptoir. Deux jaunes. Deux Ricard, quoi ! Déjà Henri, l'un des barmans en courte veste blanche sans col – à l'américaine –, a repris la bouteille sur l'étagère, la penche pour faire venir le liquide doré dans la boule doseuse, la « tournée de la maison » ; nous, avec ensemble, on refuse, raisonnables, la main à plat au-dessus de nos verres pour mieux indiquer notre détermination commune : « Eh, on bosse cet après-midi ! Merci quand même. » On doit déjeuner vite fait si on veut tenir les horaires. Des arômes puissants s'échappent des assiettes posées en équilibre sur les bras d'un serveur, en gilet noir et tablier blanc, qui passe en murmurant ses « pardon… attention… pardon… chaud devant ! ». Nous descendons de nos tabourets pour rejoindre notre table ronde, près de la vitre derrière laquelle on entend klaxonner à tout va les taxis et les camions de livraison dans la 57e Rue ouest. Larre's French Restaurant, c'est une découverte de mon ami Jacques Tissot, un sertisseur en bijoux sur la 48e (la rue des diamantaires) que j'avais rencontré à Paris lors d'une soirée avant de m'exiler. Arrivé peu après mon installation, lui aussi – né à Lyon – s'était vite lassé des sandwiches et hamburgers du quotidien new-yorkais. Seulement, les restaurants dignes de ce nom, dans le quartier, coûtaient cher, surtout les français. Un midi, il était passé me prendre au bureau.

— Hier soir, un copain m'a fait connaître un truc sympa et pas cher... Viens, je t'y emmène.

Depuis, Larre's était devenu notre cantine.

C'était véritablement un bistro comme chez nous ! Je n'avais pas le mal du pays, mais quand même, retrouver à 6 000 kilomètres de l'Hexagone la cérémonie de l'apéritif, les nappes à carreaux, les serviettes en tissu et surtout des entrées, des plats comme l'œuf mayo, les carottes râpées, les harengs pommes à l'huile, les maquereaux au vin blanc, la blanquette de veau, le pot-au-feu, les escargots, le canard à l'orange ou le lapin chasseur, pour quelques dollars, ça faisait du bien. J'en ai parlé autour de moi, Jacques aussi. En quelques semaines, les équipes de la maison, de l'AFP (agence France Presse) ou les flics, agents du Trésor et autres employés du consulat nous avaient rejoints. Selon les jours, nous étions entre six et dix à en profiter. De Profundis ! Ce coin de paradis des gourmands, tenu par des Ardéchois et des Bretons, n'existe plus, remplacé aux dernières nouvelles par un japonais à la mode. Dommage.

À propos de gourmands, je tiens à m'élever contre la légende de la « malbouffe » aux États-Unis. Tous ceux que j'y ai entraînés par la suite peuvent le confirmer, on peut très bien manger dans ce pays, sans subir la dictature des fast-foods. À condition de respecter, là comme ailleurs, les traditions régionales. Car le menu peut être très différent selon que vous vous trouvez dans un coin ou dans un autre de ce continent. Il est évident que vous ne goûterez pas les mêmes mets selon que vous êtes dans le Maine, le Texas, le Colorado, le Kansas, la Californie ou l'Arizona ! De mes incessants itinéraires à travers ce pays, j'ai rapporté des dizaines de recettes avec lesquelles j'ai remporté, plus tard, quelques concours culinaires*. Seul bémol, une loi sur l'hygiène oblige les restaurateurs à rincer les huîtres avant de les servir. Quelle aberration ! On remplace alors l'iode par le raifort ou le Tabasco ! À savoir pour éviter les surprises.

À New York, on peut même faire le tour du monde en visitant les bonnes tables, quartier par quartier : brasseries allemandes dans l'Upper East Side, trattorias italiennes dans Little Italy, restaurants chinois à Chinatown, portoricains à Spanish Harlem, juifs vers Hudson Street, etc. Il suffit de posséder une bonne carte de la ville. D'ailleurs, l'Amérique entière est une invitation au voyage. En un peu plus de trois ans, j'ai réussi à accomplir plusieurs tours du monde, sans quitter le continent. Chaque immigrant, même s'il a tendance à l'oublier au bout de quelques

* Dont, par deux fois – je suis à présent hors concours – la Poêle de fer des journalistes dans les années 1970 !

générations, emporte un peu de son vieux pays à la semelle de ses souliers. La cuisine et la musique sont là pour le rappeler, de la jambalaya des bayous au violon de la country ou aux cornemuses des Grands Lacs. La mondialisation, l'uniformisation ne courent pas aussi vite que certains le voudraient. Même si la télévision fait de son mieux !

Mon aventure américaine m'a permis aussi de jouer au cow-boy dans les villes fantômes du Far West, à Bullit dans les rues de San Francisco, d'assister à des Pow-Wow (fêtes des tribus peaux-rouges), d'entendre les coyotes hurler dans les collines d'Hollywood, de descendre dans des mines d'or, de suivre des messes de chrétiens fondamentalistes – manipulant des serpents à sonnette jusqu'à ce que l'une de ces bêtes morde un fidèle en transe et en état de péché – dans une église en bois des collines du Kentucky. J'ai également pu partager la vie de Rangers en manœuvre dans le désert de la Vallée de la mort, ou m'enfoncer dans la neige jusqu'à la taille avec des bûcherons canadiens. J'ai survolé le détroit de Béring où les ennemis de la guerre froide s'épiaient encore. J'ai visité la Jamaïque avec Bob Marley ; assisté au soixante-dixième anniversaire de Duke Ellington dans un Madison Square survolté...

Et j'en oublie sans doute sur la route de mes rêves d'enfant.

Puis, un jour, il m'a bien fallu rentrer.

6

Pas de panique !

Onassis avait relevé le col de son manteau. Comme chaque soir ou presque, il descendait la 5e Avenue déserte, malgré le vent froid qui la balayait. Comme chaque soir ou presque, je le saluais avant qu'il s'accroupisse et se dégante pour caresser mon chien. Nous n'étions pas intimes même si cela eût pu se faire car nous ne parlions jamais d'argent ni de pétrole. D'ailleurs, je ne me souviens plus du son de sa voix. Pourtant, il me semble qu'une fois, au début, il m'a demandé son nom (du chien !) et son origine. Je lui ai répondu que Charline et moi nous avions baptisé notre bâtard « Beau Beau » car, en l'apercevant parmi les chiots abandonnés au chenil de l'ASPCA (la SPA américaine), nous l'avions trouvé doublement beau, donc… Pour ce qui était de la race, bof… L'employé avait évoqué la possibilité d'un métissage entre boxer et berger belge, ajoutant en souriant : « À première vue… ». Onassis avait souri lui aussi en m'écoutant et depuis, chaque fois qu'il nous apercevait (mon chien et moi), il s'arrêtait pour répéter son geste d'affection puis, sans un mot, il se redressait, se regantait, me regardait, soulevait de peu son chapeau et, sur une inclinaison de tête, s'éloignait les mains croisées dans le dos, sans se retourner. Ce jour-là, en le suivant des yeux, je songeais que, la prochaine fois, je devrais oser lui demander une interview… Mais déjà Beau Beau tirait sur sa laisse pour traverser et pénétrer en lisière de Central Park, impatient de retrouver son amoureuse, une biche du zoo. Attention, pas n'importe laquelle ! Une biche bien précise qui, dès qu'elle l'apercevait, se précipitait du fond de la cage pour lui lécher longuement le museau à travers les barreaux tandis que, pudiquement, je tournais la tête.

Je ne sais pas pourquoi je vous raconte ça… Ah si, ce devait être l'hiver 1970-1971, un hiver particulièrement redoutable, au cours duquel je tentais de me persuader que j'avais raison de rentrer dans quelques mois. Écharpe sur le nez, bonnet sur les yeux, j'essayais de me rappeler les avantages du printemps en Europe. Je savais que je devais partir. Mais étais-je certain de pouvoir revenir un jour ? Non, bien sûr. Mon chien a gémi quand je l'ai arraché aux câlineries de son aimée, mais il m'a suivi. J'étais pressé, il l'a compris, de me retrouver au chaud chez moi pour me dégeler les neurones, affalé sur la moquette, la tête à hauteur du feu dans la cheminée pour mieux me convaincre, une fois de plus, du bien-fondé de ma décision et de mon retour évident. Oui, mais quand et comment ? J'avais emmagasiné tellement d'images de mes découvertes de mon futur-ex Nouveau Monde que je pouvais bien m'éloigner quelques mois, quelques années.

Le rêveur revient toujours sur les lieux de ses rêves.

Mon futur-ex Nouveau-Monde ! Ellis Island (l'île de la quarantaine pour les anciens émigrants, abandonnée à l'ombre de la statue de la Liberté) ; le port et ses vieux entrepôts de l'United Fruits dont j'avais vu l'incendie gigantesque* depuis l'autoroute surélevée aux structures rouillées et branlantes du West Side (démolies un peu plus tard) ; les clochards du Bowery ; les flonflons de la patinoire de Rockefeller Center ; le corps du rat d'hôtel du Saint Moritz gisant sur le trottoir après sa chute de trente étages ; les néons criards des cinémas pornos de la 42e Rue (devenus des théâtres très familiaux après leur réhabilitation dans les années 1980-1990) ; les odeurs de graillon des innombrables vendeurs ambulants de hot-dogs, noyés dans les embouteillages de Times Square ; le ferry poussif de Staten Island ; le Meat Market

* Pour laisser place nette aux deux tours du World Trade Center, détruites par l'attentat du 11 septembre 2001 – emplacement actuel du Ground Zero.

(marché de la Viande, devenu un quartier branché) ; les portants de vêtements sur les trottoirs de la 34e Rue ; les petits restaurants de soul food comme le Princess Pamela dans le bas de Manhattan ; l'agonie du jazz au Birdland ; les trompettes de l'Armée du Salut en bas du Flat Iron (le Fer à Repasser, un des premiers gratte-ciel de New York) ; l'adresse du Cotton Club transformé en attrape-touristes et bien loin de l'esprit de Duke Ellington ; les « crochets » impitoyables des Amateur's Nights de Harlem ; les déchirements des guitares électriques des Grateful Dead, du Fillmore East au Village ; la sérénité des Cloîtres tout en haut de l'île dominant le canal du Bronx ; les lumières de la fête foraine permanente de Palissades Park dans le New Jersey, de l'autre côté de l'Hudson ; les deux trains blancs du cirque Barnum garés sur les voies de débord du port ; le bistrot de Sloppy Louis (Louis le Dégueulasse) près de Fish Market (le marché aux Poissons), juste sous les falaises d'acier et de verre fumé de Wall Street ; les manèges délaissés de Coney Island ; la peur dans le métro la nuit ; les fantômes de Rosemary's Baby ou de John Lennon dans le hall inquiétant du Dakota Building ; les employés de banque du Queen's ; les zombies nouveaux riches de Long Island ou du Connecticut s'avançant, encore endormis après deux heures de train, sur les quais des gares pour ne pas voir les toujours pauvres descendus de leurs banlieues ; l'arsenal de la Marine à Brooklyn ; les nappes à carreaux sous les voûtes luisantes de l'Oyster Bar à Grand Central Terminal (gare centrale de New York City) ; les souffles nasillards des cornemuses sur le parvis de la cathédrale le jour de la saint-Patrick ; les spectres de Dylan Thomas ou Tennessee Williams entre les murs de brique rouge du Chelsea Hotel ; les prédicateurs fondamentalistes luthériens du dimanche sur les maigres pelouses de Washington Square ou de Central Park, ou des pentecôtistes sur les marches de la Grande Poste ; les WASP (White Anglo Saxon Protestants) calfeutrés dans leurs brownstones (maisons de trois ou quatre étages en pierre sombre) de Gramercy Park ou leurs résidences de Park Avenue, avec *doormen* (portiers) en manteau rouge ôtant leur casquette galonnée en s'élançant pour ouvrir plus vite les portières de leurs longues limousines noires ; les processions de la Vierge ou de San Gennaro dans les rues de Little Italy la très catholique ; des Noirs évangélistes dans les usines à gospel de leur quartier ; des juifs orthodoxes à papillotes, en redingote et chapeau noir été comme hiver, poussant leurs trésors de diamants bruts dans des caisses à roulettes sans protection le long de Diamond's Road ; mais aussi des calvinistes rigoristes, des musulmans intégristes et leurs épouses voilées, des Africains animistes, des anglicans libéraux, des sikhs en turban, des hindous en sari, des bouddhistes en robe safran, des mormons grognons tentant d'échapper aux tentations mirifiques de la « cité qui ne dort jamais »

mais où tous les dieux de la planète ont tenu à immigrer eux aussi.
« Une nation sous l'autorité de Dieu » (au singulier) a prétendu récemment un Président. Quel Dieu ? Nul ne le sait. Ah si ! Celui du billet vert, dont le commandement s'étale sur les dollars : « *In God we trust* ». Jouant sur les interprétations diverses de la phrase, un commerçant mécréant, athée ou libre-penseur (Dieu merci, il y en a encore !) avait apposé en grosses lettres sur sa caisse enregistreuse : « *In God we trust... The others pay cash* » (Nous faisons confiance à Dieu... les autres paient comptant) ! Woody Allen est new-yorkais.
Dans ma cinémathèque mentale, je ne conserve pas que ces films, je garde aussi des images récoltées dans d'autres contrées de cet Eldorado de décor de cinéma : les stores du wagon-lit qui s'ouvrent, comme les rideaux sur l'écran, lorsque le train transcontinental amorce son ascension des Rocheuses et que s'offrent les Mystères de l'Ouest ; les pistes cachées dans les pièges du désert en fleurs ; les mirages de Las Vegas ; la fureur des tempêtes de neige sur la Sierra Nevada ; la pluie sur la grisaille de Seattle ou les forêts de l'Oregon ; Alcatraz – pas encore musée – à l'abandon face au Golden Gate Bridge dans la baie de San Francisco, où des dizaines de Liberty Ships de la dernière guerre attendent toujours les ferrailleurs, résonnant sous les slogans des manifestations pour la paix au Vietnam ; les hangars délabrés dont le vent marin

fait trembler les tôles disjointes sur Cannery Row (l'allée des conserveries immortalisée par John Steinbeck) à Monterrey ; les méandres de l'étroite Route n° 1 (El Camino Real, le Chemin royal, du temps de la Californie espagnole) accrochée aux falaises du Pacifique ; le soleil rouge du couchant sur Big Sur ; les lumières dégoulinantes sur la jungle d'Hollywood Boulevard ; la vieille prison territoriale de Yuma, où le train de Los Angeles stoppe toujours à 3 h 10 (du matin !) ; les massifs impressionnants des cactus chandeliers de Tucson ; le Sangre de Christo (le Sang du Christ, ligne de partage des eaux vers l'ouest ou vers l'est) ; Tombstone et son « règlement de comptes à OK Corral » non loin de la frontière mexicaine que traversaient autrefois les Navajos sur leurs mustangs ; Flagstaff, d'où part le train pour le Grand Canyon ; Fort Alamo toujours défendu par John Wayne... Autant de kilomètres à la suite des pionniers comptant les jours de chariot restants pour atteindre la nouvelle Terre promise. Plus de trente ans après, la simple énumération de ces destinations relance mes désirs de repartir, mes incessants besoins de lointain. Et me reviennent alors également à l'esprit les longues plages de la côte ouest de la Floride (sur le golfe du Mexique) ; les grandes plaines du Centre où les vagues des champs de blé à perte de vue donnent l'impression d'une mer intérieure jaune ; les étendues glacées de l'Alaska dominées par la majesté du mont McKinley ; la démolition des derniers vestiges des abattoirs de Chicago (pour la mémoire de Tintin) ; les fêtes de la Bière à Milwaukee ; Pierre Boulez à Cleveland ; le blues à Memphis ; Ted Kennedy dans l'île de Martha's Vineyard ; les beignets à la terrasse du Café du Monde, la nuit à La Nouvelle-Orléans, au bord de cet incroyable Mississippi (*Muddy waters of Mississippi*) que remontent cargos et bateaux à aube ; les lancements d'Apollo à Cap Canaveral ; la désespérance des derniers peuples des îles Aléoutiennes ; des vacances en mobile home sur les côtes déchiquetées du Maine ; les dîners de Thanksgiving dans des auberges du Massachusets, là où débarquèrent les Pèlerins du *Mayflower*, les pères fondateurs de cette Amérique que j'allais quitter.

Une de mes dernières visites fut pour un reportage sur Atlanta et ces anciennes plantations de coton du Sud profond où les colons bâtirent de vrais palais. Tara !

Autant en emporte le vent, demain sera un autre jour...

⁂

L'appartement new-yorkais est vide. Les meubles voguent déjà sur un cargo vers la France. Ne restent qu'un lit et deux ou trois chaises de cuisine. Par moments, lorsque nous sommes assis, le chien pose sa tête sur les cuisses de l'un ou l'autre et pleure doucement en levant ses yeux vers nous. Depuis que les déménageurs ont

emporté les meubles, il redoute que nous ne l'abandonnions et cherche à se rassurer.
Après l'habituel pot de départ, hier, mes collègues du bureau de l'ORTF m'ont offert une superbe caméra Baulieu super 8 (une folie à l'époque ; je l'ai encore aujourd'hui, en état de marche, à l'heure du Caméscope !). Demain les copains nous accompagneront à Penn Station (l'autre grande gare de New York, sous le Madison Square Garden).
Inconsciemment, après plus de trois ans à l'étranger, je voulais rentrer car je savais bien – je l'avais constaté sur mes confrères – qu'après un trop long séjour les habitudes l'emportent et l'on reste. Je dois posséder des origines gitanes, ce besoin incessant de bouger. Je suis un saltimbanque, je ne veux pas m'attacher, m'accrocher. Mais cette fois-là, une autre raison m'aide, me pousse à rentrer.
L'année précédente, quand mon emploi du temps le permettait, j'avais suivi les cours du RCA Institute, l'école interne de la NBC, chargée de former les directeurs des stations locales du réseau de cette chaîne nationale majeure. L'enseignement était ouvert – en qualité d'auditeurs libres – aux professionnels étrangers, sur recommandation de leur direction. Lors d'une réunion de correspondants à Paris, Roland Dhordain parut intéressé par l'expérience et me donna sa bénédiction, contre la production d'un rapport détaillé sur le fonctionnement des radios américaines. Il le fit lire à sa patronne, Agathe Mella,

qui m'envoya une belle lettre de félicitations et de remerciements. Un peu plus tard, mon directeur me rappelait à Paris pour explorer les possibilités d'adapter le système américain en France. Sachant que Charline ne supportait pas l'avion, il s'était même arrangé pour nous rapatrier à bord du *Mermoz*, le légendaire paquebot de la compagnie Paquet. L'époque des *liners* touchait à sa fin. *Mermoz* se convertissait à la croisière et, après ses premiers ronds dans l'eau des Caraïbes, devait rejoindre Marseille pour la saison d'été.
Ainsi, en ce début avril 1971, après une journée et une nuit dans le train de la Seaboard Coast Line, nous avons embarqué sur le navire tout blanc. Notre chien (rassurez-vous) avec nous en cabine, grâce à l'obligeance du commissaire de bord.
Un technicien, venu de Paris par avion, nous attendait car, en échange de nos billets, Dhordain avait négocié une intervention quotidienne dans le *Pop-Club* de José sur le thème affiché de la croisière en question : la diététique. À charge (si je puis dire) pour le reporter de suivre les prescriptions des médecins, diététiciens et nutritionnistes à bord et de faire profiter les auditeurs de ma perte de poids.
Ce fut une balade de rêve, mais une très mauvaise émission. Deux semaines d'île en île : Bahamas, Guadeloupe, Martinique, l'Atlantique sud, Madère et le rocher de Gibraltar. Des dîners pantagruéliques comme il sied aux transatlantiques. Les premiers jours, j'ai bien tenté

d'assurer ma mission en me conformant strictement au menu diététique (concocté par Raymond Oliver, alors chef du Grand Véfour et vedette de télévision), excellent mais aux parts un peu réduites. Charline, pour ne pas me tenter, suivait mon exemple alors qu'elle n'en avait nul besoin. Gérard Deray, l'ingénieur du son, à notre table pour chaque repas, a bien tenté de nous accompagner dans l'observance attentive du régime. Il a craqué le premier. Certes, il ingurgitait les portions dosées, pesées, imposées par la Faculté embarquée, mais en plus il commandait le menu régulier et bâfrait devant nous. La volonté humaine – enfin, la mienne – a des limites. En quinze jours, j'avais « gagné » trois kilos ! Pour m'auto-excuser, je m'étais convaincu que l'iode, ça creuse. Surtout que (même si cela n'a aucun rapport) j'étais désespéré par l'impossibilité de réaliser nos liaisons-radio quotidiennes. Tous les jours, pourtant, en tenant compte du décalage horaire, nous essayions avec l'officier radio d'établir la connexion, mais il fallait s'y résoudre : toute tentative se révélait vaine. Souvent, on parvenait jusqu'au centre de réception maritime de Saint-Lys (près de Toulouse) mais après, ça se gâtait. Brouillage total. Je n'ai jamais compris le phénomène. Une fois, une seule fois, nous avons réussi l'exploit d'établir la communication. Dix minutes. La veille de l'arrivée, au large de Marseille ! Puis on est redescendus au restaurant pour notre dernière soirée en mer.

⁂

Quelques jours pour me réacclimater au vaisseau amarré au quai de l'avenue Kennedy, et j'ai pris mes fonctions de conseiller à la direction. Des heures à noircir du papier, à assister à des réunions, des examens de budget, à déjeuner « utile », comme ils disent… et la lassitude m'a vite envahi. En quelques semaines, j'ai complété mon énième rapport sur les possibilités d'exploitation des « locales » (à l'époque, les radios étaient régionales comme la TV – FR 3 – à présent) et je commençais à m'interroger sur mon envie de continuer dans ce domaine. Je me suis confié à José Artur et, peu de temps après, Dhordain est entré dans mon bureau.

— Alors, il paraît que tu t'emmerdes ?

— Ben… c'est-à-dire…

Il m'a regardé un moment en silence avec un sourire en coin.

— Bon… En juillet, tu remplaces Chancel pendant ses congés.

Stupeur.

— Mais…

— Mais quoi ?

— Mais… qu'est-ce que je vais faire ? Une heure avec un invité, j'ai jamais…

— Ah, tu ne vas pas me produire une sous-*Radioscopie* !

— Ben quoi alors ?

— J'sais pas, moi... Tiens, on t'a payé trois ans aux États-Unis, t'as qu'à nous raconter la vie des gens de là-bas !
Un dernier instant d'hésitation. J'ai pensé à la prophétie de celui qui m'avait dissuadé (« Tu parles du nez ») d'espérer me retrouver un jour derrière un micro pour plus de deux minutes et j'ai murmuré : « d'accord ».
L'été 1971, « marié » au réalisateur Bernard Grand, je fermais les yeux et me lançais dans ma première quotidienne, comme un gosse se jette à l'eau sans vraiment savoir nager. Ça s'appelait *À plus d'un titre*. Un thème par jour : les cow-boys, les Indiens, les parcs nationaux, le cinéma, la guerre de Sécession, les habitudes, les fêtes, les paysans, etc., illustré de cinq ou six disques. Chaque matin, je surveillais le courrier, guettais le téléphone, quêtais une opinion de mes confrères, harcelais mon entourage, mais non, pas de réactions hostiles, rien ! Pas même en provenance de la direction, et ça m'inquiétait encore plus, même si Bernard Grand me calma rapidement.
— Arrête, si ça leur plaisait pas, ils ne se seraient pas privés de te le faire savoir !
Fin juillet, pourtant, convocation urgente chez le patron.
— Je ne sais pas ce qu'il a aujourd'hui, il est d'une humeur massacrante, me souffle sa secrétaire avant de m'introduire.
Rassurant. Envie de fuir, de tout plaquer. Trop tard. La porte est à peine ouverte que j'entends

sa voix grave hurler : « Entre ! » Je l'aperçois, arpentant la moquette mains dans le dos, droit, rigide. Je m'attends à l'engueulade de ma vie, il ne m'invite même pas à m'asseoir. Debout, les bras ballants, j'essaie de réfléchir à ma défense. Défense de quoi, au fait ?
Il me fixe un instant, l'œil noir, puis il m'indique un fauteuil.
— Je suis fou de rage (*aïe !*). J'ai personne pour remplacer José, qui part en vacances en août, c'est-à-dire la semaine prochaine. Plus le temps de prévoir... Démerde-toi, c'est dans cinq jours... Salut, j'ai à faire.
Pas un mot sur mes prestations au 17-18 (l'heure de *Radioscopie*, à laquelle je me substituais). Je m'apprête à sortir quand j'entends : « Et ne joue pas un sous-*Pop*... Trouve autre chose ! » Le temps de changer d'étage, de réaliser un quart de tour de la Maison ronde et j'avais trouvé. La veille au soir, j'avais dîné chez mon ami et confrère Gérard Jourd'hui, grand collectionneur de disques de rock « vintage » autant que de vins, alcools et cigares. Une mine d'or. Pourvu qu'il accepte...
Le lundi soir suivant, on a commencé *Ils sont partis en me laissant les clés* : trois heures de musique avec de brèves interventions pour retracer des détails de la vie des chanteurs, des producteurs, des événements de l'époque. Je crois n'avoir jamais produit d'émission avec autant de trésors discographiques !

À la fin de ces cinq semaines, Dhordain me proposait la « tranche » 16-17 heures, avant Chancel, en reprenant un « truc du genre juillet, en racontant des histoires ». La saison recommençait alors en octobre. Un mois pour mettre en place le projet et étoffer l'équipe. Je retrouve la Monique Desbarbat de mes débuts (devenue entre-temps la réalisatrice de Pierre Wiehn, notre futur directeur). Nous ne nous quitterons plus jusqu'en 1996, quand elle décidera de partir en préretraite pour des raisons de santé.
Nous n'en sommes pas là.

⁂

À plus d'un titre va abondamment justifier, son titre ! Bien décidé à ne pas raconter l'Amérique toute ma vie, il me faut trouver autre chose. Dans l'actualité, nous allons choisir un événement qui nous servira de prétexte à ressusciter son équivalent ou son similaire dans l'Histoire : un grand incendie m'amènera à retracer la création et les grandes heures des sapeurs-pompiers ; l'enlèvement d'un enfant, le rapt du petit Lindbergh ; la découverte d'une momie, les premiers pas de l'égyptologie ou l'Égypte ancienne ; le naufrage d'un navire, l'aventure du capitaine Carlsen et de son cargo *Enterprise*, etc. Et tous les vendredis, une série spéciale : *Hollywood Story*, l'histoire de la Mecque du cinéma, de l'usine à rêves et de ses grands producteurs.

Cette émission se révèle un véritable bagne. L'organisation est implacable. À la fin du direct, en sortant du studio, je ramasse la documentation préparée par Monique, je rentre chez moi et, le dîner avalé, je lis le dossier (souvent épais), je me couche quand je peux et je dors dessus. Le lendemain, lever à 7 heures et écriture jusqu'à 13 heures, remise du manuscrit à Momo, qui le tape pendant que je descends au bistro Les Ondes ou au Télé Bar avaler un sandwich en une demi-heure, pour remonter et relire les premiers feuillets et le conducteur, écouter les disques ou les documents quand il y en a. À 15 h 45, je suis au studio. À 16 h 05, le rouge. À 17 heures, le cycle infernal reprend. Épuisant. Parfois, la panne, le doute, alors j'écris en style télégraphique et... je me plante, j'improvise. La catastrophe. Se rattraper aux branches, profiter d'un disque pour relire la documentation. Ouf ! Pourtant, nous tiendrons à ce rythme presque deux ans, jusqu'à fin mars 1973.
En cette année 1973 est née – exactement le 31 décembre 1972 ou le 1er janvier à 00 heure – une nouvelle chaîne de télévision du service public (il n'y en a pas d'autres en vertu du monopole d'État) : la Troisième. Ça semble peu aujourd'hui, mais à l'époque la télé – qui pourtant n'est pas reçue sur l'ensemble du territoire – est en passe de devenir le sujet de conversation n° 1 des Français. En 1973, environ 79 % des foyers français sont équipés d'un récepteur, la couleur gagne et les possesseurs de

modèles ancienne génération (noir et blanc) commencent à les refiler à mémé et pépé ! Les journaux créent ou développent leurs rubriques consacrées à ce « nouvel art ». Leurs courriers des lecteurs s'encombrent de lettres de spectateurs mécontents de la diction d'un présentateur ou de sa cravate, de la mise en plis d'une speakerine, d'un mot incongru ou d'une liaison mal-t-à propos. Mais surtout du style : « Quoi ? Trois films le même soir ? Comment voulez-vous choisir ? Surtout qu'il n'y a aucune coordination et qu'ils débutent en décalage. » Ah ! Ce carrefour de 20 h 30 (qui n'était pas encore envahi par les spots publicitaires) demandé par une majorité !

À l'écoute de ses auditeurs (également téléspectateurs potentiels), France Inter désirait donc informer dans ce domaine. *Histoire de voir* a pris la place de *À plus d'un titre* à partir d'avril. Pas question de donner dans la facilité de la critique de la veille ou d'ouvrir un bureau des plaintes : l'émission était une sorte de magazine, avec des interviews de producteurs, de réalisateurs, d'acteurs, de directeurs, une sélection de programmes du soir et une mini-histoire se rapportant à l'un d'eux ou un reportage sur l'un des « mystères » de la technique. Une recette que Jean-Louis Guillaud et Éliane Victor (créateurs et directeurs de la Troisième) m'inviteront à adapter au petit écran un moment.

Hélas, mon emploi du temps ne me rendait pas aussi disponible qu'il l'aurait fallu. La radio, mon intérêt premier, m'occupait largement et, surtout, j'avais une nouvelle idée qui m'obsédait.

— Voilà, avais-je expliqué à Pierre Wiehn, mon directeur. J'estime que la télé prend trop de place. D'abord, c'est un meuble, comme la TSF autrefois. On la regarde en famille mais c'est le père qui décide du choix de la soirée. Un choix qui ne répond pas forcément au souhait de chacun, surtout des plus jeunes. D'ailleurs, après le JT il y a rarement quelque chose pour eux. Va pour les bébés avec *Bonne nuit les Petits* ou les pré-ados avec *Rintintin* mais quand t'as seize, dix-sept, dix-huit, voire vingt ans, il ne te reste plus qu'à te retirer dans ta chambre et à écouter, pas trop fort, un disque ou la radio. Il n'y a qu'un poste de télévision par famille (à l'époque) mais, grâce au transistor, plusieurs récepteurs radio. Or qu'entend-on sur notre station à cette heure-là ? De bonnes émissions pour leurs parents, comme à la TV, mais rien qui les intéresse, eux. Résultat, ils écoutent Europe 1 ! Je pense qu'il serait temps qu'on réagisse, tu crois pas ?

Il ne semblait pas m'avoir écouté. Ah ! Dix ans de différence d'âge, ça compte !

Autant partir en vacances !

⁂

Beau Beau a réussi à se faufiler sous le grillage du jardin pour terroriser le bétail et les volailles du paysan voisin. Le temps que je m'aperçoive de sa fugue, il a déjà estourbi deux poules, affolé les vaches et les veaux. Salopard de clébard, une demi-heure pour le faire rentrer. Je n'en pouvais plus de gueuler après lui, je l'ai enfermé dans la cuisine pour le punir. Je prenais le chemin de la ferme pour rembourser l'agriculteur quand j'ai entendu une voix de femme, essoufflée, répéter mon nom :

— Monsieur Villers ! Monsieur Villers ! Attendez !

Je me suis retourné : la bouchère. Elle a repris sa respiration, puis d'une traite, d'un air catastrophé : « Le téléphone... Votre directeur... Il veut vous parler... C'est urgent, il attend au bout du fil. » Dans la maison que nous prêtaient des amis, sur le plateau au-dessus d'un petit village normand près de Gisors, pas encore de branchement téléphonique. En ma qualité de bon client, le boucher m'avait autorisé à laisser son numéro à mon supérieur hiérarchique. Mais d'habitude c'était juste pour que je le rappelle dans la journée. Là... quel drame encore ?

— Allô ?

— C'est Wiehn. J'ai repensé à ton projet... D'accord... Rentre tout de suite... Demain à 15 heures dans mon bureau...

Mon idée, c'était un mélange des genres. Un magazine aussi délirant que mes lectures préférées lorsque j'étais à New York : *Mad* et *National Lampoon*, avec une pincée de *Charlie Hebdo*, une réminiscence de Laurel et Hardy, des Marx Brothers et de Mai 68, pour traiter les travers de nos aînés, les événements ignorés, avec

un ton nouveau et des disques qu'on n'entend jamais à d'autres heures sur la station. Un mois de préparation pour y parvenir.
L'équipe s'élargit des deux côtés de la vitre. Avec Monique, des assistants tels que Bernard Gilet, un vieux de la vieille, ou Jean Morzadec, un petit nouveau qui plus tard (dans les années 1990) deviendra directeur ! À la programmation, Bernard Lenoir, frais émoulu de l'écurie José Artur, tout comme, au micro avec moi, Olivier Nanteau et Patrice Blanc-Francard. Olivier était un chroniqueur d'art et d'architecture à l'affût de tout ce qui était résolument moderne. Patrice, lui, encyclopédie musicale ambulante, je l'avais connu preneur de son (une tradition dans sa famille), libertaire, passé chez Pathé s'occuper du catalogue anglo-saxon, puis revenu comme rubricard au *Pop*.
À la direction générale, Dhordain (parti à la TV depuis fin 1971) était remplacé – après d'autres avatars – par... Jacques Sallebert ! Après avoir examiné le projet, posé machinalement des questions sur les modalités techniques et financières, il donna son assentiment et, en nous raccompagnant à la porte, il se tourna vers moi, sans cesser de marcher.
— Au fait, vous allez l'appeler comment, votre machin ?
C'est Pierre Wiehn qui lui a répondu :
— *Panique*... Ils ont choisi *Panique*.
Soudain, Sallebert s'immobilisa, pétrifié, et nous avec.

— Ah non ! Pas de ça ! *Panique, Panique*, avec toutes les grèves, les problèmes de budget, la taxe, Malaud* qui m'a traité de cryptocommuniste et veut me révoquer… Je vois ça d'ici dans la presse : *Panique à la radio… Panique à l'ORTF* ! Non, je ne veux pas de *Panique*, c'est compris ?

J'ai levé les yeux vers lui (il était grand).

— OK, message reçu… Pas de *Panique…* Va pour *Pas de Panique* !

Un blanc… il a ri, nous a souhaité bon courage et on s'est mis au boulot.

D'abord, réaliser une bande-annonce, comme pour un film. Nous nous sommes enfermés dans un studio avec toute l'équipe pour y délirer toute une journée (inimaginable aujourd'hui !) avec une des figures de la technique, l'« ingénieux » du son Yann Parenthoen. « Prochainement sur nos antennes, du sang, du sexe, des larmes, de l'amour ! », le tout à grand renfort de musiques des grands films hollywoodiens : *Ben Hur*, *Les Dix Commandements*, *Autant en emporte le vent* et des bouts de faux dialogues dits par nos voix transformées, accompagnées de bruitages et d'onomatopées.

En guise d'indicatif, j'avais retrouvé un vieil enregistrement d'El Gato Montes par la Banda de la Policia Armada de je ne sais plus où en Espagne,

* Philippe Malaud, l'un des ministres de l'Information du président Pompidou (jusqu'en octobre 1973). Eh oui, ça existait. Honneur à la liberté de la presse…

tous cuivres nasillards dehors, un classique de la corrida (moi qui déteste ces tueries habillées d'or, rites barbares d'un autre âge). Après quelques mesures, sur un signe de Monique, Patrice chuchotait « Pas de... » et du fond du studio je hurlais d'une voix de fausset : « Panique ! ». Annonce de la folie dominante à venir durant deux heures échevelées. Sketches, rubriques, reportages, feuilletons se succédaient avec des comparses encore peu connus mais aussi dingues que nous : Yves Simon, Michel Colucci (alias Coluche), Henri Gougaud ou Jean-Marc Roberts, tous prêts à endosser le rôle d'un ministre ou d'un curé.
Car nous tapions sur tout ce qui bougeait ! Tout ce qui pouvait passer pour institutionnel compassé y avait droit. Un seul mot d'ordre, aller de plus en plus loin dans la provocation et ainsi reculer les barrières d'une morale encore très rigide. Chaque matin, on s'attendait à se faire virer. Ça a failli souvent être le cas, mais Pierre Wiehn tenait bon et ouvrait le parapluie avec ce qu'il fallait de diplomatie... Pourtant, il était l'une de nos victimes préférées dans un de nos feuilletons : *Panix* (à la recherche de la petite Mireille Pamieux enlevée par Elvis Sanfin, sous les traits du rusé Pi Win, ennemi juré du super-héros, impitoyable bourreau aux tortures raffinées et tenancier louche d'une crêperie clandestine où des Bretonnes dévêtues roulaient des crêpes sur leurs cuisses nues).

Bien plus tard, dans les années 1990, un soir où Patrice (devenu l'un des grands patrons de Disney TV !) et ma pomme dînions avec lui (futur membre du CSA), nous avons révélé à Pierre (il y avait prescription) sa participation involontaire et, comme on l'interrogeait sur sa non-intervention autoritaire, il a prétendu n'avoir jamais remarqué la caricature ! Après réflexion, je n'en suis pas si sûr et d'autant plus reconnaissant pour sa patience. Car ça a dû secouer ! Une fois pourtant, il a craqué et n'a pas résisté à l'envoi d'une note de service désapprouvant officiellement notre traitement du mystère de la Nativité.

Il faut dire que nous n'y étions pas allés de main morte. La veille de Noël, avec Gougaud, nous avions réalisé une spéciale d'une heure sur les mésaventures de la Sainte Famille, en opérette marseillaise. C'était l'histoire de Joseph, un CRS maître nageur (les planches) trompé par sa femme Marie avec Tonin l'Esprit, représentant en bouées de sauvetage (ma bouée, bonne Mère !) et qui l'avait mise enceinte. À la fin de la saison, le couple remontait à Paris quand arrivaient les premières douleurs et ils décidaient de s'arrêter en route dans une cave de BelHLM, accueillis par Lucien Genèse (Chers amis, bonjour...). Le tout agrémenté d'adaptations, à notre manière, de paroles de chansons méridionales et de cantiques. Pour finir, Marie donnait naissance à... une fille.

Le tollé. Des sacs de courrier, un éditorial venimeux de *La Croix*, une plainte de l'archevêché. C'est drôle comme les tenants de la tolérance prêchent pour eux, pas pour les autres ! Nous n'avions pourtant jamais prétendu nous inspirer de l'histoire divine. À l'antenne, en guise d'excuses, nous avons rappelé qu'il s'agissait d'une œuvre de fiction et que « toute ressemblance avec des personnages ayant existé n'était que pure coïncidence ». La preuve, c'est que ça se terminait par l'avènement d'une fille. Une fois de plus, nous sommes passés à travers. On s'est fait gronder comme des sales gosses et on a continué : faux reportage sur le vernissage d'une exposition de tableaux « Et celui-là ?... Ooh !... Et cet autre... Aah ! » ou sur un numéro de trapèze volant « Hop.. hop... hop... et voilà ! », etc.

Un autre de nos feuilletons après *Panix* fut *Les Aventures d'Adolf le petit peintre viennois... avec du beurre ou de la confiture* ? Ses mésaventures avec son camarade Benito dans un éternel 1933ᵉ épisode me valurent une des lettres les plus extraordinaires que j'aie jamais lues. Dans sa missive « à Monsieur le Directeur de France Inter », une auditrice dénonçait notre insolence vis-à-vis de « Hitler et Mussolini, qui, quoi qu'ils aient pu faire dans leurs vies, n'en étaient pas moins des chefs d'État » ! et de demander notre expulsion d'une « chaîne nationale d'État ». La hiérarchie n'a pas cru bon de répondre et s'est

contentée de me transmettre ce courrier qui, bien sûr, a fait nos délices.
Nous nous moquions également de nos confrères dont nous relations les supposées débauches sous les pseudonymes peu discrets de Jacques Sensuel ou José Assure. Ils étaient les premiers à en rire.
Nous avions aussi un magazine dans le magazine, consacré à l'actualité : *Subjectif*, présenté par un prétendu collègue à la voix onctueuse, « Gérard Pire ». Gérard Sire ne s'est jamais plaint mais Sallebert nous a demandé d'adoucir notre satire acide. Pas de problème, le soir même *Subjectif* se transformait en *Tout va bien*, décliné par un nouveau nommé « Gérard Tantmieux ».
Je ne me souviens plus de toutes nos bêtises ou canulars distillés dans cette production, mais jour après jour la tendance négative du courrier des auditeurs s'inversait. Les études de sondages (il n'y avait pas encore d'Audimat) indiquaient une augmentation de l'auditoire (on ne disait pas encore « audience ») et, lorsque nous nous déplacions (premiers Festivals de la BD à Angoulême ou de la chanson à Bourges), nous pouvions constater notre popularité.
Plaisanteries à part, nous réalisions des reportages plus sérieux, avec des spécialistes de l'équipe Cousteau, des chroniques sur la chanson avec Maxime Le Forestier ou Alain Souchon, sur le cinéma de série B avec Eddy Mitchell (c'est dans *Pas de Panique* qu'il rencontra Gérard Jourd'hui, avec qui il produira plus tard *La Dernière Séance*), les voyages avec Bernard

Lavilliers et même le surnaturel et les ovnis avec Jean-Claude Bourret (alors journaliste à Inter), lui au premier degré (il en fera même des livres) et moi au trente-deuxième !
Quand je dis sérieux, il ne faut pas exagérer. La règle était au contraire de ne *pas* se prendre au sérieux et les fous rires émaillaient souvent nos interventions. Le pire, c'était dans la rubrique quotidienne et très documentée de Patrice, « Le Petit Jazz de *Pas de Panique* ». Pendant qu'il dévoilait la richesse de ses connaissances en ce domaine, je m'ingéniais à provoquer ses fameuses crises de « delirium très gros ». Il avait beau tenter d'ignorer mes gestes obscènes, mes grimaces, le simple fait de mimer une pulvérisation me permettait le plus souvent de parvenir à mes fins. On l'entendait d'abord hoqueter, puis ne plus se retenir. Il se balançait sur sa chaise de plus en plus vite et soudain, à l'antenne, un énorme fracas lorsqu'il tombait à la renverse. C'est alors que je reprenais le micro et, d'une voix sépulcrale, annonçais : « En raison d'une grève d'une certaine catégorie de personnel, nous ne sommes pas en mesure de poursuivre notre programme. Veuillez écouter *Perle de Cristal*, par André Verchuren. » Quelques accords de piano à bretelles, et Patrice retrouvait son aplomb et continuait sa présentation d'un grand du jazz ou de l'une de ses découvertes. Mais je savais qu'il trouverait à se venger bientôt. En tout rire, tout honneur.

Olivier Nanteau, lui, avait eu l'idée (qui sera reprise par la suite et par d'autres) d'ouvrir l'antenne aux auditeurs et à leurs propres délires sur minicassettes. Si celles-ci, par leur qualité sonore, agréaient aux services techniques et répondaient aux exigences légales qui régissent les organes de presse (pas de diffamation, pas d'appel à manifestation, à désobéissance civique, d'accusation sans preuve, etc.), nous les diffusions avec en guise d'avertissement : « Vous n'écoutez plus *Pas de Panique*, c'est *Pas de Panique* qui vous écoute. » On ne savait pas encore que ça s'appelait « interactivité ». Et ça ne durait que cinq à dix minutes.
C'est dans cette ambiance démentielle (dans tous les sens du terme car la préparation de cinq sketches, un feuilleton – écrit au jour le jour – trois rubriques ou deux reportages demandait une résistance physique à toute épreuve) qu'il m'a fallu annoncer, un soir d'avril 1974 le décès d'un président de la République. Pas évident...

⁂

Le 2 avril, l'émission se termine. François Foucard, le flashman (que je fais passer auprès des auditeurs pour l'aumônier de la Maison de la Radio et que je présente comme le révérend Foucard à cause de sa tonsure et de ses rubriques religieuses du dimanche) est déjà assis à mes côtés pour le bulletin de 22 heures. Reste un communiqué de la Journée nationale contre le cancer. Je récite le générique sur l'indicatif (un nouveau : *Jessica* par les Allman Brothers) et, au moment où je prononce les mots « Pas de Panique », je vois un assistant du journal pénétrer en trombe dans le studio, sans s'arrêter malgré le rouge, et poser une dépêche (pas encore d'ordinateur) devant Foucard, qui écarquille les yeux et me glisse le télex de l'AFP. Tandis que la musique remonte doucement, je lis cette simple phrase : « Pompidou est mort. » Aussitôt, je hurle dans l'interphone : « Pas le cancer ! Pas le cancer ! ». Trop tard ! Le bobino (bande magnétique) est parti. J'entends la voix de Louis Velle : « Chaque année, *x* millions de Français meurent du cancer. Aidez-nous à en réduire le chiffre. Vous pouvez le faire en versant cinq francs à notre Comité. Cinq francs. Seulement cinq francs. À cet effet, les mairies de France restent ouvertes ce soir jusqu'à minuit. Ou envoyez vos dons au CCP n°... » Pendant le communiqué, je préviens Monique dans la cabine technique, je la vois fouiller dans sa caisse de disques où, par précaution, elle garde toujours quelques enregistrements classifiés neutres, « graves » ou « très graves » (elle avait déjà eu à subir en direct la mort de De Gaulle), et, à la fin du spot, enchaîner malgré les tops un requiem à l'orgue, pour ménager un espace. Et je dis, avec un ton de circonstance : « Le président de la République vient de s'éteindre. Dans quelques instants, nos informations. » Grandes orgues et Foucard enchaîne : « Communiqué de l'Élysée. 21 h 55… décès à 21 heures … longue maladie… domicile…, etc. ». Re-musique classique triste. D'autres précisions… Des assistants amoncellent les dépêches pendant que j'essaie de joindre un directeur. Tous de sortie. Idem pour les rédacteurs en chef. La nécro (nécrologie), je le sais, est prête dans une armoire blindée. Il ne reste qu'à la diffuser. Mais personne n'a la clé. Monique s'inquiète, sa réserve de disques va s'épuiser. Une valise de secours est pourtant disponible mais la discothèque est fermée.

Dès l'annonce, j'ai mis au courant Pierre Lattès, spécialiste du rock et du jazz qui doit me succéder à l'antenne, en lui demandant, s'il a des disques classiques chez lui (il n'habite pas trop loin), de courir les chercher. Il se précipite. Pendant ce temps, je téléphone aux pompiers de la maison et à la sécurité pour forcer les portes de la discothèque (« Oui ») et savoir s'ils ont un double de la clé du coffre (« Non »). Les pompiers apportent un chalumeau. Ça prend du temps.

Heureusement, Lattès a fait vite. Il prend l'ascenseur avec un des rédacteurs en chef, serein, qui s'étonne de le croiser si tard et tente de déchiffrer les pochettes.

— Jean-Sébastien Bach, tiens, vous changez de genre ?

Lattès, ébahi.

— Quoi, vous n'êtes pas au courant ?

— De ?

— Pompidou est mort. Feriez bien de vous dépêcher, on a besoin de vous !

L'autre manque d'avoir une attaque et disparaît, les portes à peine ouvertes. Il arrive alors que les pompiers jouent les cambrioleurs avec leur torche à acétylène et une barre à mine.
Sallebert et Wiehn, alertés par leur radio de voiture, débarquent un peu plus tard. Des journalistes du service politique surgissent. Des éditorialistes préparent déjà leurs papiers. « Soirée spéciale ».
Pour nous aussi, elle le fut, dans son genre !

7

Marche ou rêve

Trois émissions ! Eddy Mitchell ne m'avait remplacé que trois soirs au micro. Après, rideau. La grève. Une grève dure, en réponse aux intentions du nouveau gouvernement de démanteler l'ORTF. On en parlait. Au début, personne ne voulait y croire. Pensez ! Une institution telle que l'ORTF ! Une forteresse inviolable !
Cela me faisait penser à ce que le personnel de la French Line chuchotait dans les coursives du paquebot *France* qui me ramenait de mes longues vacances aux États-Unis, à propos des rumeurs de l'arrêt prochain du navire : « Impensable... l'orgueil de la nation, l'ambassadeur par excellence... douze ans d'âge seulement ». Pourtant, le bateau avait été dirigé vers Cherbourg au lieu de l'arrivée prévue au Havre, son port d'attache, par peur des manifestations de soutien. En cette fin août, je ne me doutais pas, là aussi, que cela irait

si vite et que *France* finirait sa carrière le mois suivant, pour une longue pénitence de cinq ans avant d'être racheté et de devenir le *Norway* !
Depuis mai 1974, nous avions un nouveau président de la République, Valéry Giscard d'Estaing, qui s'était donné pour mission de moderniser le pays. Avec son Premier ministre Jacques Chirac, il s'attaqua donc à deux citadelles du syndicalisme. La Transat et l'ORTF. Pour justifier l'arrêt de la compagnie maritime, ils invoquaient la crise pétrolière. Mais pour l'ORTF ? Certainement pas les économies puisqu'on allait multiplier les dépenses par la création de nouvelles structures. Ironiquement, l'émission d'été d'Eddy Mitchell, également réalisée par Monique Desbarbat, s'appelait *En attendant que ça se passe* !
À la rentrée, je reprenais *Pas de Panique*. Pourtant je pensais déjà à autre chose. Peut-être pour l'année prochaine ou la suivante ? *Pas de Panique* fonctionnait bien. Pourquoi changer ? Il faudra que j'attende presque deux ans pour parvenir à convaincre mes supérieurs du bien-fondé de ma nouvelle idée.
En octobre 1976, j'attaquais aux mêmes heures une nouvelle série, *Marche ou rêve*, née d'un simple constat : j'avais mis les pieds dans les cinquante États des USA et dans un certain nombre de contrées du monde, mais je ne connaissais même pas l'Alsace ou d'autres régions de mon propre pays ! Pour combler cette lacune, je pourrais envoyer sur place des jeunes reporters qui, ensuite, raconteraient au micro

leur découverte de ces « pays », récits agrémentés de témoignages vécus.
L'obstacle principal, opposé par les hiérarques de Radio France (une des nouvelles entités de l'ex-ORTF), était simple : « Ce qui se passe en Alsace peut-il intéresser les Bretons ? » L'actualité heureusement, ou malheureusement, me donnait raison, au gré de poussées de fièvre ici ou là, alors qu'une certaine France paysanne avait tendance à disparaître, non sans se révolter. Pierre Wiehn m'aida en ce sens auprès de la nouvelle P-DGère, Jacqueline Baudrier, une « enfant du sérail », ancienne patronne de la Une mais que j'avais surtout connue rédactrice en chef, puis directrice de l'Information.
Feu vert. Avec Monique, nous avons commencé à recruter une équipe de jeunes reporters venus de la presse écrite, de stagiaires de la rédaction tout juste sortis des écoles de journalisme, ou encore simplement volontaires venus d'autres horizons et cherchant à s'initier à ce métier. On ne m'avait jamais demandé de diplômes : je n'allais donc pas en demander aux autres !
Mission : s'immerger dans une région en faisant oublier sa fonction (et son Nagra) durant trois semaines, tout en enregistrant des témoignages, des morceaux de vie. Une semaine pour monter son reportage, une semaine en studio en direct à mes côtés, une semaine de repos et une nouvelle destination… Un rythme qui aujourd'hui laisse rêveur plus d'un professionnel ! Les reportages occupaient la première heure. Durant la

deuxième, Henri Gougaud ressuscitait les légendes de la région choisie ; Jacques Lacarrière traversant la France à pied ; je racontais des histoires (dont celle du *Titanic* que je mis, emporté par ma fascination, quatre mois à faire couler !). Nouvelles rubriques : « Le Petit Folk » avec des folk-songs venus du monde entier ; des voyages avec Catherine Domain ; le folk français illustrant les séquences de la première heure avec Malicorne, Joan Pau Verdier, Mélusine, Patric, Roger Siffer, Marti, Alan Stivell (dont nous retransmettrons le premier concert à Dublin), autant d'artistes jusque-là ignorés des stations nationales.
Pendant l'été 1976, les premiers membres de l'équipe s'élancèrent. Ce n'est pas évident de se faire admettre par des gens encore peu habitués aux micros ou aux caméras. Quand on voit l'aisance des témoins à présent ! Je sais ce que les reporters devaient vaincre de réticences pour parvenir à leurs fins. Quelques années plus tard encore, il faudra ruser pour obtenir quelques mots... Je me souviens, entre autres, d'un jour de 1981 où, dans le cadre d'une émission de télé sur Stendhal, j'abordais une dame d'un certain âge sur les trottoirs de Grenoble pour connaître son opinion sur l'écrivain, natif de la ville. En se voilant la face elle m'a crié, horrifiée : « Non, pas moi, demandez à mon mari ! »
Pour en revenir à *Marche ou rêve*, les « Missi dominici » d'Inter réalisèrent des prodiges, réussissant même à se faire engager comme serveur,

chauffeur-livreur, facteur auxiliaire, ouvrier agricole ou cantonnier, afin de mieux s'intégrer. Le soir après dîner, les langues se déliaient. Chacun possédait sa méthode.

Le plus difficile se révéla être la semaine à l'antenne. Et ce, dès la rentrée d'octobre. Pour les débuts, première région choisie : l'Auvergne. Un coin presque désert me rappelant le Colorado, les grands espaces, l'idéal pour concrétiser mon désir de réaliser une « émission de radio en Cinémascope ». Tout se présentait bien. J'avais même inspecté mes troupes sur le front des opérations, dans le Puy-de-Dôme, le Cantal et l'Allier. J'avais également écouté les premiers bobinos. Rien à redire. Sauf qu'une des reporters, Corinne, ne pouvait répondre que par oui ou par non à mes questions. Le cauchemar pour un présentateur ! La semaine s'annonçait mal. Par chance, ses reportages étaient de qualité et je connaissais le coin qu'elle devait raconter. Alors, c'est la loi du genre, j'ai dû enchaîner. C'est ce que je fis, tandis qu'elle s'éclipsait, en larmes. Pendant le disque suivant, je levai la tête vers la cabine technique et je vis Monique, un bras autour de ses épaules, tenter de la réconforter. Heureusement, elle reprit de l'assurance et put terminer la semaine tant bien que mal. Mais elle préféra ne pas réitérer l'expérience et retourner vers la presse écrite.

Mon pire souvenir, je le dois à l'un de mes meilleurs amis, que j'avais eu comme rédacteur en chef dans un hebdomadaire avant d'entrer à

Inter. Dès le premier soir, le trac l'empêcha de prononcer le moindre mot. Il en était littéralement malade et, pendant que je « meublais », lui, allait vomir aux toilettes. Après l'émission, nous eûmes une conversation poussée. De lui-même, il se dit incapable de continuer, préférant partir. Pour qu'il soit tout de même payé, je lui demandai de me confier ses notes et de se porter pâle pour le restant de la semaine, une grippe intestinale subite, par exemple. Je ne le revis que des années après, par hasard, dans un restaurant. Je crains qu'il ne m'en veuille encore. À tort.

Mais c'étaient là des exceptions. L'équipe s'est très vite montrée très performante. Parmi les réguliers, il faut citer Isabelle Roy, Jean-Louis Millet, Daniel Bru, Bernard Soulier, Étienne Fernagut et Carole Pither, une Anglaise vivant en France, interprète à la RATP, engagée sur une simple lettre, longtemps affichée dans le bureau. Elle se déplaçait à vélo (première destination : la Bretagne, au Val-André, dans ce qui était encore les Côtes-du-Nord avant d'être rebaptisées d'Armor). Un porte-bagages devant avec son Nagra et un porte-bagages derrière où se trouvait Eduardo, son fils en bas âge dont elle ne voulait pas se séparer et qui se révéla être un sésame dans bien des occasions. Tous, après avoir travaillé avec nous dans d'autres émissions, sont devenus de grands professionnels (en Suisse, à RFI, RFO, dans les locales de Radio France ou à France Culture).

Chacun a su éviter le piège des notables si gourmands de micro et, au contraire, partager la vie de ceux de la « France d'en bas », comme dirait un certain Premier ministre ! Parmi les chausse-trappes, il fallait résister aux régionalistes, autonomistes ou indépendantistes de tous bords. Certains sont même allés jusqu'à nous demander des interviews en basque, en corse, en breton ou en occitan ! D'autres ont écrit à la direction pour dénoncer des « contes bretons avec l'accent provençal », ce qui a mis en fureur Henri Gougaud, originaire de Carcassonne. D'autres encore m'ont traité de pétainiste, accusé de prôner le « retour à la terre », cher à l'ex-maréchal ! Me faire ça à moi, né à l'heure de la Libération !

Mais *Marche ou rêve*, c'étaient aussi des concerts en direct des « quatre coins de l'Hexagone » (j'adore cette expression), avec tous les tenants de ce que l'on appelait alors la nouvelle chanson française : Henri Tachan, Richard Gotainer, Bernard Lavilliers, Alain Souchon, Jacques Higelin, Isabelle Mayereau, Djamel Allam, Maxime Le Forestier, Idir, Jean-Michel Caradec, etc.

En deux ans, nous avons visité les vingt-deux régions françaises et même les Dom Tom, dont la Réunion, où tout France Inter s'était installé pour une semaine (quatorze heures de vol avec escale à Djibouti, encore française, avec des bâtiments en tôle gardés par des gendarmes en short, mitraillette sous le bras). Les capacités hôtelières de la Réunion étant plutôt réduites en 1978,

l'intendance de la maison nous avait logés au Club Méditerranée, à moitié désert, à part quelques touristes sud-africains. Blancs évidemment ! Mandela n'était pas encore près de sortir de prison. L'arrivée sur Saint-Denis depuis l'aéroport déroulait une suite de bidonvilles plus lépreux les uns que les autres. Nous réalisions nos émissions depuis les locaux de FR 3, situés non loin de la prison, dans une rue conduisant au Barachois et que sillonnaient en permanence des cars de CRS, dans un silence assourdissant. Une des rares cités tropicales sans musique apparente. Un midi, nous déjeunions avec Michel Debré – député de ce département de l'océan Indien et aussi maire d'Amboise (préfecture d'Indre-et-Loire) à 12 000 kilomètres de distance environ –, venu pour le journal parlé. Je lui ai demandé pourquoi il n'y avait pas, à ma connaissance, d'université sur l'île. Superbe, il m'a répondu : « Faux, j'ai moi-même créé une école ménagère pour qu'ils puissent apprendre un métier avant de gagner la métropole ! » Comme disait Julien Carette, le braconnier nommé garde-chasse, dans le film de Renoir *La Règle du jeu* : « Je remercie Monsieur le Baron de m'avoir élevé au rang de domestique ! »
Il était temps de rentrer et de passer à un autre genre de jeu.

⁂

Viva fut l'une de mes émissions les plus courtes. Le temps d'un été. Trois mois au plus. Nous avions reformé le duo infernal avec Patrice Blanc-Francard. Mme Baudrier nous avait commandé un magazine « pour les jeunes » à une heure de grande écoute (18-19 heures) après Chancel.

Parmi les éclats de rire, les reportages classiques sur la musique et les festivals, on trouve les expériences d'un nouveau venu chez nos reporters habituels, un nommé Nicolas Hulot, casse-cou pour qui les techniciens bricolent un casque spécial avec micro intégré qui permet aux auditeurs de le suivre dans ses courses de moto, ses sauts en parachute libre ou ses plongées sous-marines. Nous proposons aussi des chroniques sur l'environnement (avec Gébé et Reiser), les voyages pas chers sac au dos, les conditions de vie dans les prisons, la sexualité sur les campus, le contrôle des naissances, l'homosexualité chez les ados, etc.

Souvent, ça décoiffe, ça heurte, ça frappe. Mais Pierre Wiehn tient bon et nous envoie même en tournée sur les plages de l'Atlantique et de la Méditerranée. Pour être vus de tous, on s'installe sur le pont d'un bateau : chalutier, promène-couillons, remorqueur, navire de service. Je ne vous raconte pas le jour où nous nous sommes retrouvés sur une « suceuse » dont le patron nous expliquait sérieusement la mission essentielle de désensablement du port. Nous avions également pris l'habitude – si aucune catastrophe

n'était dans l'actualité – de déstabiliser par nos plaisanteries de potaches les « flashmen », dont un petit jeune du nom de Jean-Luc Hees (futur directeur de France Inter, tout comme d'ailleurs Patrice Blanc-Francard à Inter, à Europe 1 et à Antenne 2, ancêtre de France 2). Comme quoi !
En septembre, Mme Baudrier exigera néanmoins de mettre fin à l'exercice. Elle estimait que les sujets traités ne répondaient pas aux « vraies attentes de la vraie jeunesse française » et elle décida en outre de nous séparer. Elle me demanda de reprendre *Marche ou rêve* et, devant mon refus, confia la tranche 20-22 heures à Patrice. José Artur reprenant le 18-19 heures, on m'exila à 22 heures. Je dis « exila » car je pris ça comme une punition... Les deux premières semaines seulement ! Car *Comme on fait sa nuit, on se couche* (le titre) reste encore à présent un de mes grands souvenirs de radio. Quand on me demande aujourd'hui mon émission préférée durant toutes ces années, c'est elle que je cite en premier.

⁂

Il faut reconnaître qu'on nous laissait une paix royale. Une fois de plus, un fourre-tout incroyable où se mêlaient invités et reportages. On m'avait laissé mon équipe de reporters et j'avais même recruté une nouvelle, Leslie Bedos, venue de la presse féminine. Il a fallu que six mois plus tard, lors d'un dîner, Guy Bedos me remercie de l'avoir engagée pour que je fasse le rapprochement ! Monique Desbarbat non plus n'avait pas établi la relation. Au bureau, j'apostrophai Leslie :

— T'es la fille de Guy ?

— Oui...

— Pourquoi tu ne nous as rien dit ?

— Surtout pas... J'veux pas utiliser son nom pour trouver du travail !

Elle n'en avait pas besoin ! *Comme on fait sa nuit on se couche* se proposait principalement de raconter la vie la nuit et je me souviens, entre autres, de son reportage sur sa rencontre avec une geisha à Tokyo qui ne parlait que le japonais, dont Leslie ne saisissait évidemment pas un traître mot. Pourtant, elle croyait se faire comprendre de l'autre, qui ne savait que pouffer de rire. Pour se détendre, les deux buvaient du saké au point que, très vite, la journaliste fut aussi... gaie que son interlocutrice. Le Nagra continuait de tourner et bientôt on n'entendit plus que les rires des deux demoiselles. Leslie était revenue de son voyage dégrisée et un peu déçue :

— J'ai deux sujets, une balade dans le quartier chaud de Tokyo et l'autre avec une fille mais il est complètement loupé.

— Fais toujours écouter...

Bien sûr, c'est celui-là que nous avons diffusé, après un montage habile de Monique pour éviter les silences un peu trop longs de l'enregistrement. Le rire étant communicatif, nous reçûmes un courrier conséquent. Gros succès à partir de rien !

Un jour, un auditeur nous expédia une cassette d'une intervention musclée de la police dans le quartier des Halles, un soir de 14 Juillet. L'envoi étant signé, j'envoyai Leslie enquêter et interroger le témoin qui, de sa fenêtre, avait suivi l'opération brutale des agents de la force publique. Le soir même, en respectant l'anonymat et en déformant la voix de notre indicateur (ce n'est pas péjoratif !), nous avons passé le reportage à l'antenne. Le lendemain, l'IGS (Inspection générale des services de la police) réclamait l'enregistrement à la direction. Nous sûmes, plus tard, que le commissaire responsable et le brigadier avaient subi les foudres de la loi.
Dans le même genre, il y eut l'affaire des Enfants de Dieu, une secte prônant la vie en communauté et une sexualité débridée (surtout pour son gourou), recrutant des adeptes à travers toute l'Europe et les États-Unis. Pour la gloire du Dieu dont ils se réclamaient, ces drôles de paroissiens donnaient leurs économies ou le fruit de leur travail à leur maître à penser. Ils avaient même constitué une chorale, enregistré des disques et été invités dans de nombreuses émissions de variétés à la télévision française ! Des artistes connus revendiquaient leur appartenance à la confrérie dans des journaux. Pour leur propagande, des écrivains n'hésitaient pas à leur consacrer des livres savants, ainsi que des bandes dessinées attirant de jeunes ados, de plus en plus nombreux. Le phénomène devenant inquiétant, nous ouvrîmes une enquête. Deux reporters s'y

consacrèrent. L'une, Isabelle Roy, infiltra la bande en se prétendant convaincue, tandis que l'autre, Étienne Fernagut, tenta plus classiquement d'interviewer fidèles et dirigeants. En quelques jours, ils furent édifiés. Nous consacrâmes deux soirées à leurs révélations. Ils apportèrent la preuve que, pour récolter plus d'argent, les grands-prêtres incitaient leurs jeunes adhérentes – certaines mineures – à se prostituer et à leur reverser les sommes obtenues par ce qu'ils dénommaient le «*flirty fishing*». Isabelle, entre autres, rapporta les fiches de renseignements sur leurs clients désignés parmi les riches habitués de diverses boîtes de nuit où filles et garçons racolaient, emmenés par des chefs de groupe. Émotions, réactions, dénégations de la secte. Mais nous possédions des formulaires très explicites. Quand, où, comment, etc. Et le témoignage d'un inspecteur de la police belge dévoilant même le numéro de compte en Suisse où étaient versés les produits de cette exploitation, ainsi que les filières de leurs dépôts. La presse écrite reprit ces éléments. Le scandale enfla. Le Parquet fit saisir nos enregistrements et procéda à des interpellations par la Brigade des mineurs et la Police judiciaire. Après plusieurs descentes dans les communautés, les autorités mirent fin à ces agissements, procédant à des arrestations dont celle du gourou, inculpé en outre de détournement de mineurs. Les Enfants de Dieu avaient vécu.

Mais l'investigation la plus étonnante fut menée dans les hauts lieux de ce que l'on appelait alors le massage thaïlandais. Avec l'accord d'une « kinésithérapeute » sans diplôme, Étienne Fernagut (encore lui) laissa tourner son Nagra, posé près de la table d'opération où il devait « jouir » d'un traitement tout aussi spécial. Au début, on l'entend se déshabiller, s'étendre sur le ventre, les fesses recouvertes d'une serviette pudique et interroger la praticienne sur ses gestes caressants. Celle-ci, au bout d'un instant, lui demande de se retourner et pousse un « oh ! », peut-être pas si surprise que cela de son œuvre. Un rire gourmand, puis la voix mourante du journaliste tentant de commenter, en termes choisis, la suite de l'action. Après un long silence, on perçoit un grognement et le bruit d'une gentille tape sur une cuisse, accompagnée par la voix mal assurée de la dame : « Et maintenant, une petite douche... ». Pas un mot cru, pas un détail scabreux. Une présentation, un commentaire sobres. Comprend qui peut, comprend qui veut. De plus, avec Monique, nous avions décidé de retransmettre la séquence après 23 h 15, loin des oreilles chastes. Pourtant, à la fin du « scoop » – je l'avoue un peu particulier –, j'aperçus, dans le sas vitré à l'entrée du studio, la silhouette du directeur adjoint, un imper fermé sur son pyjama (il habitait à côté), me fixer d'une manière inquiète. Le rouge éteint, pendant un disque, il a poussé la porte et explosé :

— T'es complètement fou ! Irresponsable ! du sexe à l'antenne sur le service public !

— Mais, Jean, on n'a rien révélé… Ce n'étaient que des silences…
— Justement, le silence en radio, c'est plus évocateur que bien des mots !
Sur ce point, je ne peux pas lui donner tort, même après qu'il m'a promis que ça n'en resterait pas là… Je n'en ai cependant plus jamais entendu parler. Ou plutôt si, mais d'une manière inattendue. Quelques jours plus tard, un après-midi, alors que j'écoutais des reportages (très différents), le téléphone a sonné. Habituellement, je dois refuser les appels pour garder ma concentration, mais là mon assistante m'a fait de grands signes. Une main sur le combiné, la jeune femme a chuchoté : « M. Polio. C'est urgent. » Monique a arrêté la bande. Charles Polio fut pendant de longues années l'administrateur en chef de France Inter. Je l'avais connu à New York, chargé de contrôler les bureaux à l'étranger, où il se présentait à l'improviste pour des inspections surprises, vérifiant les boîtes de films, les factures, les bons de caisse, le nombre de caméras ou de Nagra…
— Oui, Charles.
— Viens dans mon bureau, c'est grave… Je ne veux pas en parler au téléphone.
— J'arrive.
Air interrogateur de l'équipe. J'ai frappé à sa porte. Sa secrétaire m'a accueilli d'un regard inquiet et, en se levant pour m'introduire, a chuchoté : « Ça va mal… »

Charles ne m'a pas serré la main, m'a prié de m'asseoir d'un geste et ouvert un dossier à couverture rouge, dans lequel il a saisi une feuille de papier.
— Tu reconnais ça ? Et la signature ?
— Ben oui, c'est la note de frais de Fernagut et je l'ai paraphée. Normal, quoi !
— Normal ? Tu trouves ça normal ? Tu imagines le contrôleur d'État s'il voit ça ? Une entreprise publique qui rembourse la gâterie d'un de ses agents. Et sans reçu ?
— Ben, pour le reçu, je crois que c'est difficile à demander dans ce genre de commerce…
— Et tu couvres ça ?
— Mais il a payé et ce serait injuste de… D'ailleurs, la preuve, on l'a diffusé…
— Je le sais ! Heureusement, ça a fait rire Wiehn.
— Mais on va quand même pas l'obliger à payer pour travailler ?
— J'ai pas dit ça.
Il a éclaté de rire à son tour puis, tout sourire, il a ajouté :
— Il ne faut pas le présenter comme ça. Je ne devrais pas te le dire mais… t'as bien une fiche d'un bon restaurant, à trois ou quatre… et on le fait passer comme, disons, un déjeuner de contact !
En revanche, le jour où Dominique Guilhot a pris la place d'un chauffeur de taxi parisien, son magnéto posé sur le siège passager avant dissimulé sous une couverture, il a dûment remis la

recette récoltée au véritable propriétaire de la voiture de place !
Grandeur et servitude du service public !

⁂

Le cinéma Le Versailles tenait son nom de sa proximité de la porte de Versailles. Exactement rue de Vaugirard, en haut de la rue Cadix, près du pont de l'ancienne Petite Ceinture, aux voies envahies d'herbes folles depuis l'avant-guerre. Pourtant, le bistrot qui lui faisait face s'appelait toujours le café de la Gare. Il y avait bien encore un train par soir, mais sans voyageur : un lourd convoi de voitures sorties des usines Citroën de la rue Balard. Il passait à 19 heures précises et ne gênait guère les clients de cette modeste salle de quartier de troisième ou quatrième exclusivité, dont l'unique séance quotidienne débutait à 21 heures (excepté le jeudi, le samedi, matinées à 15 heures et le dimanche à 15 et à 18 heures ! Le cinéma permanent étant encore réservé aux Champs-Élysées et aux Grands Boulevards).
Dans le coin, nous avions le choix entre le Magic Pathé (où j'avais vu avec mamy – l'autre grand-mère – mon premier film, *Bambi*, dans une salle de bambins en larmes), le Convention (cinéma de quinze cents places avec attractions à l'entracte, un balcon et... des loges dont plus tard, avec les copines, nous goûtions avec joie l'intimité) et ce bon vieux Versailles, où non seulement on projetait surtout des films de

série B, cape et épée, polars, westerns ou péplums, mais surtout où, chaque année, se déroulait en juin la distribution des prix de mon école primaire de la rue Saint-Lambert ! Oh, ce n'était pas pour le discours du maire du XVe arrondissement ou celui de l'inspecteur d'académie, mais pour rafler mes récompenses (sauf en arithmétique et en travail manuel !). Tous ces livres que, sans cela, je n'aurais pu m'offrir : les vies illustrées d'Henri IV ou de Richelieu, *La Libération de Paris* en grand format cartonné, *Croc Blanc* dans la collection Rouge et Or, *Le Tour du monde en quatre-vingts jours* en Bibliothèque Verte, *Sans famille* en Bibliothèque Rose, *Le Prince Éric* chez Signe de Piste (non, celui-là, c'était au patronage !), des dictionnaires et même, une année, un abonnement gratuit à *Sélection du Reader's Digest.* Ce que je préférais dans *Sélection*, c'était une rubrique intitulée « L'homme le plus extraordinaire que j'aie jamais rencontré ». Un portrait fouillé d'un contemporain, comme j'aurai l'occasion d'en réaliser plus tard.

Le premier du genre qui m'ait bluffé, c'était avant que j'entre à Inter. J'étais un petit journaleux dans un magazine du nom de *Disco Revue.* La rédaction se trouvait rue d'Artois, dans les locaux de M. Marouani, l'imprésario (entre autres) de Charles Aznavour, alors également patron de presse. Nous, les scribouillards, on scribouillait quand monsieur le directeur est apparu, tout sourire dehors, entouré de son agent et d'un moustachu bourru. Le rédacteur en chef étant absent, il me le confia.

— René débarque d'URSS (nous étions dans les années 1960), ils lui ont tout pris, dit-il. Trouvez-lui quelque chose comme boulot... Faut que je me sauve. À demain...

On s'est présentés et il m'a raconté.

René Hovivian, comme son nom l'indique, est d'origine arménienne. Ses parents, pour fuir les pogroms turcs, s'étaient réfugiés, dans les années 1920, dans le midi de la France, où lui et son frère avaient vu le jour. Ils étaient donc de nationalité française et ne manifestaient que peu d'affinités avec cette contrée lointaine qu'ils ne connaissaient qu'à travers les récits nostalgiques de leurs géniteurs. À la fin de la Seconde Guerre mondiale, ce bon monsieur Staline profita de ce mal du pays des exilés de la première génération pour leur demander de revenir dans leur pays, intégré à l'URSS. Ils n'avaient à présent plus rien à craindre de la Turquie, pourquoi ne pas rentrer ? Ne vous inquiétez pas si ça ne vous convient pas... La famille embarqua à Marseille sur un navire pour Odessa. Et là, à peine sur le port, le rideau de fer bloqua tout espoir de sortie. Pire : coupables, on ne sait trop de quoi, ils se retrouvèrent tous en Sibérie à couper du bois.

À la mort du Petit Père des Peuples, ils purent enfin s'établir à Erevan. René, qui avait étudié en France les beaux-arts, trouva un emploi dans un studio de dessins animés. Son talent de caricaturiste le fit remarquer par le gendre de

Krouchtchev, directeur de la revue *Krokodil*, qui se voulait une sorte de *Canard enchaîné* (très enchaîné !). Monté à Moscou et francophone, il fut délégué par sa rédaction auprès des Français de passage, accompagné d'un « garde du corps » très spécial qui espionnait ses conversations et les interrompait dès que René cherchait à attirer l'attention de son compatriote sur sa condition. Et puis un jour arriva Charles Aznavourian. René s'adressa à lui en arménien, au grand dam de son mouchard de service. Il eut juste le temps de lui dire qu'il était français et qu'on le retenait contre son gré, avant que l'autre ne s'interpose : « Parlez français, parlez français ! » Malgré tout, Aznavour lui répondit que le soir même il dînait avec l'ambassadeur et lui en parlerait. Après vérification de l'état civil de René, le diplomate intervint. Pour éviter le scandale, les autorités soviétiques les laissèrent partir, lui et sa famille, en leur confisquant néanmoins tous leurs biens.
Évidemment absent à l'âge de l'appel sous les drapeaux, porté déserteur, il fut interpelé par les gendarmes français, à son arrivée en France. Il s'expliqua et l'état-major ne le jeta pas en prison... mais l'obligea quand même à effectuer ses trois jours à Vincennes. À près de quarante ans ! Il s'est heureusement trouvé des médecins militaires pour l'exempter de service actif. Cette courte astreinte présentait néanmoins un aspect positif. L'un de ses compagnons de chambrée n'était autre que Johnny Hallyday ! Nous tenions une exclusivité ! Je lui donnai deux pleines pages

pour raconter, en dessins amusants, ces moments normalement fermés aux journalistes des aventures de l'idole de la chanson, en uniforme.
René Hovivian, sous le nom d'Hoviv, deviendra ensuite l'une des grandes signatures de la caricature dans différents organes de presse comme *Le Quotidien de Paris*, *Le Point* ou *Paris Match*, et l'auteur de nombreux albums.
Dans *Comme on fait sa nuit...*, ma curiosité me poussait parfois à garder durant une heure un témoin particulièrement intéressant. Mais je voulais aller encore plus loin. Henri Amouroux, ancien rédacteur en chef de *Sud Ouest*, puis directeur (retraité) de *France Soir*, nous avait passionnés un soir avec le premier tome d'une série consacrée à la vie des Français sous l'Occupation. Justement, le directeur des programmes cherchait une émission d'été pour remplacer Jacques Chancel. Je lui ai proposé ce thème, illustré de documents sonores et de disques de l'époque.
— Quoi ? Oradour-sur-Glane à 5 heures de l'après-midi ! Qui voudra écouter ça en revenant de la plage ? Tu n'y penses pas !
Si, j'y pensais, et comment ! J'ai tapé à l'étage au-dessus, à la porte de Pierre Wiehn. Feu vert. Un tabac. Des monceaux de lettres, des cassettes par centaines, un gros coffret de disques quelque temps plus tard et... le Grand Prix de la Ville de Paris. Même que monsieur le maire, Jacques Chirac, nous a félicités et touché la main avant de nous offrir le champagne ! Un bien beau souvenir...

Du coup, pour la rentrée, le directeur des programmes nous a demandé si nous avions « quelque chose dans le même genre ». Même genre, pas tout à fait ! En deux mois, nous avions couvert la période et il n'était pas question de recommencer la guerre. Parlons plutôt d'aujourd'hui (en 1979) et peut-être de demain. Haroun Tazieff ne se contentait pas de raconter les volcans (« v*O*lcanologue… pas v*U*lcanologue, je ne rechape pas les pneus ! ») ou la tectonique des plaques, dans un langage simple et direct, sans étaler son savoir (considérable), mais il se préoccupait aussi de l'environnement du présent et de l'avenir. Un Jean-Pierre Coffe de la science ! Pendant près d'une saison, on entendit sa voix rocailleuse et son curieux accent gronder et tonner contre les imbécillités, les abus, les agressions des hommes contre la nature et donc contre notre futur. « C'est de la merde… » Non, il ne parlait pas ainsi mais son langage plus châtié signifiait exactement la même chose. Une fois, nous évoquions la faille de Saint-André et la menace qu'elle fait peser sur les constructions de béton qui la bordent, édifiées pour la plupart en dépit du bon sens, sans les précautions parasismiques qui auraient certainement entamé sérieusement les marges bénéficiaires des promoteurs immobiliers et les caisses noires de certains partis ou cagnottes personnelles d'élus en place. Et pour donner un exemple (au hasard ?), il a cité l'imposant ensemble en forme de pyramides de la baie des Anges :

— Si demain il y a un tremblement de terre, nous obtiendrons – les étages en béton s'effondrant les uns sur les autres – de gigantesques mille-feuilles au goût de centaines de cadavres ! Une couche de béton, une couche d'hommes, etc. Mais quand on connaît la voracité de certaines municipalités dans cette région, magouilles de grigous !
Je ne sais pourquoi l'honorable Jacques Médecin, alors digne député-maire de Nice et comte de Médicis (!), se sentit visé. Toujours est-il qu'il exigea du service juridique de Radio France un droit de réponse « en lieu et place de l'article incriminé » selon les termes de la loi. Le lendemain, en direct de l'Assemblée nationale, M. Médecin s'adressa à la France pour dénoncer les propos enflammés de Tazieff. Celui-ci, en studio, serrait ses poings de boxeur pour, sous mon contrôle, ne pas intervenir. La loi est la loi. Mais il ne nous fera pas de procès.
Dix ans plus tard, dans une autre émission (consacrée à la consommation *Qu'est-ce qu'on attend pour vivre mieux ?*, en 1980-1990), en direct de Nice, ses sbires tenteront de couper les lignes de transmission depuis le centre France Telecom. Mais grâce à un procédé secret, nous ne serons silencieux que quelques minutes. France Inter portera quand même plainte et les séides de l'élu seront condamnés pour entrave à la liberté de la presse. Peu de temps après, il s'enfuyait à l'étranger pour échapper à la justice !
Le Forgeron du Diable, avec Haroun Tazieff,

édité en cassette, recevra en 1980 le Grand Prix de l'académie Charles Cros.

Visas, c'est son titre, était programmé de 13 h 30 à 15 heures, juste après le journal, avec à partir de 14 heures toujours la même équipe de reporters à travers le monde. C'est ainsi que nous réaliserons, entre autres, pour les fêtes de Noël 1979, une semaine en direct depuis Honolulu. Avec l'assistant Serge Christophel (futur réalisateur), le reporter Dominique Guilhot et le responsable technique Michel Jaegy, nous devions – décalage horaire oblige – travailler la nuit. En sortant des studios de CBS-Hawaii à 3 heures du matin, nous allions nous restaurer dans un *coffee-shop* voisin dont la serveuse, malgré nos explications, était persuadée d'avoir affaire à des pêcheurs braconniers ou à des pilleurs d'épaves sur le site de Pearl Harbour ! Nos intentions étaient plus pacifiques. Je me souviens encore avec émotion de ce petit matin de Noël où, avec Jaegy, nous sommes partis par le premier avion pour Kaui, l'île jardin, à quelques minutes de vol. En arrivant, nous nous sommes précipités sur une immense plage déserte, sur laquelle se levait le soleil. L'eau était déjà à 30°. Après ce bain, nous nous sommes allongés sur nos serviettes. Soudain, une ombre s'est interposée entre la lumière de l'astre resplendissant et nous. Nous nous sommes soulevés sur un coude. Un policier en short, à cheval, les sabots dans l'écume du ressac, s'imprimait sur l'horizon. Quelle apparition irréelle ! Le fonctionnaire en patrouille, pistolet à la ceinture, matraque à la selle, nous fixa un court instant, nous adressa un salut réglementaire, main à la visière de sa casquette, et s'éloigna comme il était venu. Nous nous sommes rallongés pour dormir. Le métier a aussi ses bons côtés !

Parmi mes rencontres marquantes, régulières ou temporaires, j'ai eu la chance de travailler avec des hommes exceptionnels comme le commandant Cousteau ou Frédéric Dard, qui, à la fin de la série (*Les Mémoires de San Antonio*), m'entraîna dans une visite assez particulière de Lyon, où sa sœur tenait encore un magasin de farces et attrapes ! Impossible de nous joindre. Nous n'avons pas dormi durant deux jours. J'aime ceux qui aiment la vie ! Anita Conti (*Les Racleurs d'océan*), le timide Pierre Boulle (*Le Pont de la rivière Kwaï*, *La Planète des singes*, etc.), Philippe Lamour (*Les Français de IVe République*), infatigable conteur des mœurs politiques de cette période. Ou encore Pierre Dubois (vrai titi à la gouaille parigote qui me montra un Paris que j'ignorais. Jamais on n'aurait cru qu'il était l'un des chroniqueurs du *Figaro* !). Je n'oublierai pas, bien entendu, cet autre guide dans un Paris disparu, tendre mais sans nostalgie, ce poète des images et des clichés, l'un des plus grands photographes vivants : Robert Doisneau. *Paris-Balades* (1992) fut d'ailleurs rediffusé deux fois. Je me rappelle l'ambiance merveilleuse qu'il fit régner dans cette série (réalisée par Maïté Vasseur) créée à la suite d'un pari avec ma direction de produire une émission sur la photo, sujet peu radiophonique s'il en est ! Je ne peux oublier non plus ce dîner d'automne ou d'hiver Chez Paul (rue de la Butte-aux-Cailles), l'un de ses bistros favoris (avec le Vin des Rues de l'ami Chanrion). Nous étions une douzaine, aux tables du fond, à rire comme des perdus. Mais ses petits yeux malicieux se dissimulaient de plus en plus derrière ses paupières fatiguées. Il se faisait tard (il avait plus de quatre-vingts ans) et les bouteilles s'alignaient sur la nappe.

— Bon, il serait peut-être temps de songer à rentrer, lançai-je pour le décider à partir. Demain il y a école...

— Allez-y. Moi, je suis à la retraite, demain je peux dormir. Je vais prendre un dernier verre et ma voiture est garée pas loin.

— Quoi ? s'écria Sabine Azema. Vous ne pensez pas prendre le volant dans... dans cet état !

— Bon, dis-je. Je vais vous raccompagner et vous viendrez en taxi la récupérer demain.

— Pas question, j'en ai besoin pour aller à un rendez-vous.

Chœur indigné des convives et du patron : « Robert, soyez raisonnable... ». Doisneau commençait à se mettre en colère lorsque Sabine intervint :

— J'ai une idée... Je n'ai presque pas bu. Je prends le volant de votre auto. Claude et Colette nous suivent dans la leur, je vous dépose chez vous et ils me ramènent chez moi.

Vaincu, il se laissa faire, s'assoupit légèrement pendant le trajet, d'après son admiratrice (on faisait tous partie de la confrérie quand on le connaissait !). Mais, arrivé à destination, à Montrouge, il voulut absolument qu'on monte chez lui, boire le dernier. À 3 heures du matin ! Il a fallu que Sabine prétexte un prétendu tournage pour qu'il consente à nous laisser partir ! Quand il est mort, j'ai pleuré. Entre amoureux de la vie...

8

Le Tribunal

« Alors, c'est quoi, ton idée, cette fois ? »

Cet été 1980, mes chers directeurs pensaient déjà à la rentrée. La saison recommence mi-septembre. Au mois d'août, c'est le moment de bâtir la fameuse grille des programmes. Pour l'instant, je suis en plein dans mon émission de vacances, *Ciné Mélodies*, réalisée par Jean-Louis Millet : un jeu musical de connaissances cinématographiques à base de bandes originales de films et d'histoires, récompensé par une douzaine de voyages à Hollywood. C'est le moment ou jamais de leur proposer un truc différent. Après les récits, la caricature, les reportages, je passerais bien, encouragé par mes expériences de séries de rencontres, à l'interview.

— Ah oui, m'objecte l'un de mes patrons, tu veux faire du Chancel ?

J'ai beau protester vivement, rien à faire. On me renvoie à mes chères études.
— Ils n'ont pas tout à fait tort, m'assure Monique. Faut trouver autre chose. Tu le sais, ils cherchent un truc pour 11 heures du matin. Une heure de conversation, c'est peut-être un peu longuet, tu ne crois pas ?
Mais quand même, m'accuser de vouloir copier mon illustre confrère…
Rentré chez moi, vexé, je cherche à contourner l'obstacle. Qu'est-ce qu'ils appellent une interview à la Chancel ? Un jeu de questions-réponses entre deux personnes assises l'une en face de l'autre, dans l'exiguïté d'un studio avec, qu'on le veuille ou non quelle que soit la pertinence des interrogations, une certaine complicité, ne serait-ce que par la proximité inhérente à la configuration de la pièce ? Et si l'on pouvait changer les règles ? Première chose, éloigner l'interviewer de l'interviewé par un artifice quelconque. Créer la prédominance de l'un et la soumission de l'autre. Canaliser autoritairement ses déclarations…
À quoi ça ressemble ? Qu'est-ce que ça donne ?
Le lendemain, quand j'en discute avec l'équipe, réponse unanime : un interrogatoire de police ! L'Inquisition ! Monique fait la moue :
— Pas terrible. Pourquoi ne pas ajouter un personnage de bourreau avec des bruitages de sévices, de tortures, des hurlements de terreur ? Les moines inquisiteurs, on s'en fout, mais je ne crois pas que les syndicats policiers applaudissent… Trouve autre chose.

© Radio France

Ça commence mal : le brigadier-pianiste George Rabol nous embarque sur les marches du palais, Pierre Desproges, Luis Rego et moi, respectivement procureur, avocat et juge du Tribunal des flagrants délires, *qui connut en 1981 une version télé avortée pour Antenne 2.*

© Collin

© Radio France

© DR

© Antenne 2/Roger P

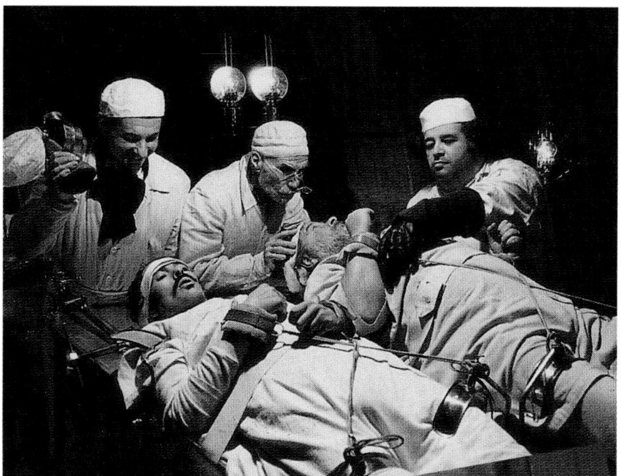

© Rodolphe Rutman

© Antenne 2/Roger Picard

© TF1/DR

Villers fait son cinéma : ***En Nosferatu pour* Ciné-Parade *; en travelo pour un téléfilm de Jean-Daniel Verhaege, aux côtés de Carmet et Marielle ; en chirurgien-boucher pour* Le Docteur Lerne *(du même) avec Dufilho, Guybet, Clémenti ; en commissaire avec béret et moustache pour un téléfilm de Serge Korber ; en Gustave Eiffel pour* Rue de l'Industrie...**

© SAE PTT

© DR

© TF1/Patrick Guis

© DR

© Didier Baverel

… avec Anne-Marie Peysson dans Sur le banc *; en Louis XVI pour* Télé 7 jours *; avec Olivier Nanteau dans le feuilleton* Un peu plus à l'ouest *; dans* Ciné-Parade *avec Georges Franju ; en Stendhal pour un téléfilm… J'aurai tout fait !*

*En 1982, un petit détour par RMC.
Au Festival de Cannes, Jean-Claude Heberlé et moi-même accompagnons Jeanne Moreau.
Après avoir incarné saint Pierre dans* **Bienvenue au Paradis** *(le rôle de Dieu me semblait exagéré), je renoue avec les voyages, notamment pour* **Dans la chaleur de midi**, *ici à bord du* **Princess Elisabeth.**

© DR

© Radio France/Roger Picard

© Radio France/Roger Picard

© Radio France/Philippe Rochut

© DR

Les équipes du **Vrai-Faux Journal** *(début 90) et de* **Pirates** *(1987) : amusez-vous à y retrouver Laurent Ruquier, Isabelle Motrot, Pascal Brunner — dont le remplaçant (!) est un petit jeune qui débute, Laurent Gerra — Christine Bravo ou Daniela Lumbroso. Sans oublier ma réalisatrice Maïté Vasseur.*

© DR

© DR

© DR

Villers se fait introniser :
(De haut en bas) Meilleur fumeur de pipe 2000 à Saint-Claude, membre de la Confrérie des vins de Sainte-Foy, secrétaire perpétuel de l'Académie Alphonse-Allais, membre de l'Ordre des canardiers ou de la Confrérie de la Coquille Saint-Jacques...

© Daniel

© DR

… sans oublier les Buveurs de bière, la Jurade de Saint-Émilion, la Cousinerie de Bourgogne ou les Hospitaliers de Pomerol. Qu'est-ce que vous voulez, j'aime ce qui est bon !

© Bonny

© DR

Avec Alberny et Clères, mes complices de Marchand d'histoires, *début des années 90, puis l'équipe de* Tous aux Abris *en 1997. Voilà comment on referme le (court) album d'une vie, le verre à la main avec José, le jour de mon mariage, ou sur le pont d'un transatlantique avec Monique Desbarbats, vers de nouvelles aventures !*

© DR

© DR

© Radio France/Alain Mercier

La torture inquisitoriale, la police non... Mais la justice ? Oui... Euréka ! J'ai trouvé !
Images du passé, souvenirs de chroniqueur judiciaire : il faut un décorum très étudié (comme à l'église !) pour imposer la crainte au justiciable/paroissien. Il s'agit de créer un climat d'appréhension devant la majesté des lieux, par la mise en scène, les costumes, les différences de menuiserie. Distiller l'inquiétude du toujours probable coupable/pécheur face à l'autorité des représentants officiels de la République/Déité. Faire peser la menace de condamnation ou le soulagement du pardon des fautes, au nom du Code ou de l'Évangile (ou de la Bible, ou du Coran, ou de la Torah !). Dans un cas comme dans l'autre, vous ne parlez que lorsque le président ou le grand-prêtre vous y invite. Vous vous levez, vous vous asseyez quand on vous l'ordonne, sans oublier le son de la clochette ou autres éléments sonores, selon le dieu adoré !
Si l'on choisit la religion, on est sûr de se faire piéger ! Il n'y a pas plus intolérants que ceux qui se réclament de la tolérance dès qu'on aborde leurs doctrines ou leurs pratiques. Tandis que la justice, il n'y a pas plus admirable ! La recherche de la vérité dans un souci d'équité, sans s'en remettre à l'avenir incertain d'une autre vie mais pour apaiser le présent tourmenté !
Je revois certaines audiences de correctionnelle où les magistrats distribuent leurs sentences à la chaîne. Du Palais de Justice comme maison d'abattage ! Mais ils sont tellement nombreux,

ces délinquants de tous genres que les gardes enfournent, enchaînés dans le box des accusés ! Voleurs à la tire, tireurs de tires, arnaqueurs, brutes au vin mauvais, julots casse-croûte, fraudeurs au petit pied, pilleurs d'horodateurs, insulteurs, contempteurs de représentants de la force publique, exhibitionnistes, chapardeurs à l'étal, pickpockets du métro, kleptomanes de grands magasins... Le quotidien du petit larcin commis en flagrant délit est jugé le plus tôt possible, souvent dès le lendemain. Euh... Comment ai-je dit que ça s'appelait ? Flagrant délit. Le tribunal des flagrants délits... Et si on parodiait cette justice à l'emporte-pièce ?

— Untel, levez-vous. Vous êtes accusé de... Qu'avez-vous à dire pour votre défense ? Oui, bon, on n'a pas trois heures pour vous écouter, asseyez-vous, taisez-vous... Monsieur le procureur ?...

Le substitut de service lève à peine la tête, posée en appui sur sa main, et murmure :

— Application de la peine...

— Merci.

Le juge se tourne vers l'avocat, le plus souvent jeune et commis d'office, ne connaissant pas plus son client que le dossier confié depuis peu.

— Alors, maître, je vous écoute...

L'autre se lève, veut se lancer dans une plaidoirie convaincante, le président assène un coup du plat de la main sur son bureau, sans réveiller ses assesseurs.

— Oui, je sais, maître, son père boit, sa mère se prostitue. Le problème, c'est que je le retrouve trois fois par an... Allez, justement, un an ferme, ça espacera nos fréquentations.
La salle d'habitués – c'est chauffé et il n'y a pas encore *Les Feux de l'amour* à la télé l'après-midi – s'esclaffe.
— Emmenez-le. Suivant...
Et comme on dit dans les bistros aux heures de pointe, « ça dépote ».
Le tribunal des flagrants délits, si on le décline, ça donne quoi : flagrants défis, dénis... délires. Oui, le *Tribunal des flagrants délires*... c'est ça. En attendant, Monique et moi nous délirons pour adapter notre idée (aujourd'hui on dit concept) à la réalité radiophonique. D'abord, ça n'a pas déjà existé, un truc pareil ? Si, je me souviens, gosse, de *Leguignon Lampiste* sur Radio Luxembourg. Chaque semaine, Yves Deniaud, dans le rôle de celui qui trinquait toujours pour les erreurs ou les bêtises des puissants, et Pierre Destailles (l'auteur entre autres de la chanson *Le Bois de Chaville*), implacable président, s'affrontaient sur des textes de MM. Picq et Ferrari.
Le tribunal de *Leguignon Lampiste* était une production hebdomadaire d'une vingtaine de minutes. Mais, pour nous, il s'agit d'une quotidienne d'une heure ! Pauvres auteurs de textes ! Impossible. Et si notre « prévenu » changeait tous les jours ? Regarde : on prend à chaque fois une vedette de l'actualité, on constitue un dossier, je l'interviewe dans la première demi-heure, on ajoute

des témoins dont certains peuvent être des chanteurs, des musiciens, réquisitoire et plaidoirie, le verdict du jury, la sentence du juge et l'exécution de la peine* !

Le *Tribunal des flagrants délires* était né... dans notre tête. A priori, nous avions l'imprimatur de Pierre Wiehn. Ne restait plus qu'à tout mettre en ordre de marche. Plus une fiction colle à la réalité et plus on peut agir sur l'imaginaire. Par exemple, un tribunal, symbole de l'autorité, permet toutes les audaces, les provocations, à condition de respecter les rites, rituels, procédures, costumes et décors d'un vrai ! Pas question d'occuper le Palais de Justice. Il nous faudra donc réserver à l'avance l'une des grandes salles publiques de la Maison de la Radio, habituellement occupée à des dates précises, par les débats ou les concerts des orchestres. Construire un décor rapidement démontable, une sorte de pyramide : au sommet, le président entouré de ses assesseurs ; légèrement plus bas, la table de l'huissier ; le bureau du procureur face au box de l'accusé (le bien et le mal, les yeux dans les yeux), et le banc de la défense contre le box. Enfin, une barre des témoins de trois quarts face pour que la salle puisse les voir et un piano (à queue, s'il vous plaît !) pour accompagner les intervenants, musiciens ou chanteurs.

Évidemment, par respect pour les spectateurs, les protagonistes se devaient de porter robes et

* Dans la deuxième saison (1982-1983), l'émission, réalisée par Serge Christophel, sera prolongée de trois quarts d'heure.

uniformes. Là, l'administrateur tiqua à la lecture de ce détail dans notre devis.
— Des locations de costumes pour une émission de radio… vous êtes fous !
— Mais, Charles, tu ne nous vois pas en civil devant l'assistance, ce serait ridicule. Et n'oublie pas que les effets de manche…
— OK…
La SFP nous fournit donc deux robes rouges pour le procureur et le président, quatre robes noires pour les assesseurs, l'huissier et l'avocat, ainsi qu'un uniforme de gendarme pour le pianiste. Car nous avions décidé que la sentence serait obligatoirement, selon le verdict du jury, pour l'accusé de s'exécuter ou de s'acquitter d'une chanson.
Pour ce rôle de représentant de la maréchaussée, mon admiration pour les Branquignols et Francis Blanche me poussa à téléphoner à Gérard Calvi. La proposition l'amusa mais, pris par la composition et par sa charge à la SACEM, il la repoussa à regret et me conseilla de joindre de sa part un de ses confrères, Georges Rabol, qui accepta avec enthousiasme et composa même l'indicatif que nous chantions au début et à la fin de chaque séance. Pianiste émérite, passionné de Scott Joplin, il sut adapter son talent à l'exercice difficile d'escorter musicalement les pires interprètes. « Le brigadier Rabol qui accompagne les accusés non au violon mais au piano ! »
Pour ce qui est de l'avocat, je m'adressai à Luis Rego, que j'avais connu au Golf Drouot,

guitariste des Problèmes (groupe accompagnateur d'Antoine) avant de devenir l'un des Charlots, vite abandonné (en 1971) pour devenir auteur-interprète de sketches (« Le dernier qui sort éteint la lumière ») et de pièces de théâtre (dont *Viens chez moi, j'habite chez une copine*, coécrite avec Didier Kaminka, portée ensuite au cinéma par Patrice Leconte). Le défi intéressa ce fou intégral (un compliment dans ma bouche !) dont j'avais déjà pu mesurer le talent éclectique en travaillant avec lui à la radio et à la télé.
Quant à Pierre Desproges, le futur procureur, il m'avait fait rire dans *Le Petit Rapporteur* de Jacques Martin, le dimanche sur TF1 (l'ancien TF 1, pas l'actuel, le pauvre !), où j'admirais son insolence. Et je le lisais tous les jours dans sa rubrique de *Brèves* en dernière page de *L'Aurore.* Exercice casse-gueule s'il en est, où la pertinence doit s'allier à... l'impertinence. Nous avons déjeuné dans un bon restaurant italien des Halles*. Porter la robe rouge l'a bien un peu perturbé (« C'est nécessaire de se déguiser ? ») et, une fois de plus, j'ai souligné l'importance de l'effet de manche. Gagné.
Comme assesseurs, nos deux assistants (par ailleurs « juges d'instruction » chargés de constituer les dossiers sur l'accusé, de réaliser le « questionnaire de Proust » ainsi qu'une rapide interview sur sa situation présente) ; Bernard Pilot, Étienne Fernagut et Marc Mutel en

* « La Main à la Pâte », qui, hélas, n'existe plus.

greffiers huissiers pour nous annoncer, introduire l'accusé, les témoins ou sélectionner le jury.
Pas de numéro zéro. Pas de répétition. Ni le temps, ni les moyens. Juste une mise en place pour disposer les micros, calculer les déplacements, ajuster les séquences, régler les lumières (la seule émission de radio non seulement en costumes mais aussi avec un chef-éclairagiste !).
On démarre lundi prochain...

⁂

« Mesdames, messieurs... la cour... »
Entrée des clowns. Le brigadier Rabol plaque un accord sur son Steinway (ou son Pleyel ?) de concert et la petite troupe, chacun à sa place, debout, entonne l'indicatif (musique G. Rabol, paroles C. Villers/M. Desbarbat) :

Nous sommes le Tribunal
Dont on parle dans l'journal
Qui juge, qui condamne
Les messieurs comme les dames.
Avec nous, pas d'innocent
Tout le monde il est coupable
Nous en faisons le serment
Avant que vous n'passiez à table
Pas question de mentir
Pas question d's'en sortir
Y a vraiment rien de pire
Qu'les Flagrants Délires.

J'enlève mon « mortier » (chapeau de juge), le pose. Tout le monde s'assied, j'agite ma clochette « drelin drelin ».
— L'audience est ouverte. Huissier, appelez...
— Le ministère public contre...
Pierre et Luis trouvent leurs marques :
— Français, Françaises, Belges, Belges, monsieur le président, mon chien... Public chéri, mon amour.
— De quoi-t'est-ce qu'on accuse-t-on mon client ?
En deux saisons (septembre 1980 à juin 1981, puis septembre 1982 à juin 1983), notre « justice » radiophonique verra de nombreux prévenus de toutes sortes (de tous horizons ?) s'installer dans le box des accusés. Je vous épargnerai une liste par trop fastidieuse. Pourtant... Pourtant, nous avons bien failli ne pas excéder la période fatidique des trois mois d'essais, ne pas passer l'hiver. Car si on parlait du *Tribunal* « dans le journal », ce n'était pas forcément en bien !
Les débuts se révélèrent calamiteux. Non seulement les critiques de nos « chers confrères » furent désastreuses – un vote à l'unanimité de la presse – mais surtout nous « siégions » devant des salles pratiquement vides, garnies d'une ou deux dizaines de spectateurs perdus dans un studio 106 qui pouvait en accueillir trois cent cinquante ou quatre cents. Nous entendions à peine les applaudissements, quand il y en avait ! Notre moral était au plus bas. Nous avions honte devant nos « inculpés ». Et nous nous

interrogions – avec eux ou avec notre direction – sur l'opportunité de continuer une telle épreuve !
Par tradition, les premiers intervenants étaient des copains qui acceptaient de se sacrifier sur l'autel de nos bonnes volontés tâtonnantes. Par exemple, j'avoue que j'admire l'abnégation (et l'amitié) de Pierre Perret, qui se dévoua tout au long de mes tentatives (et il y en eut durant près de quarante ans !). Il ne m'a jamais fait défaut malgré les risques : les archives sonores de l'INA en font foi. Qu'il en soit particulièrement remercié, mon cobaye adoré ! Le tout premier *Tribunal* se fit donc avec lui. Un véritable procès à huis clos. Je crois que nous étions même plus nombreux sur scène que dans la salle…
Comment inverser cette tendance, bien éloignée de nos espoirs ?
D'abord, ne pas se laisser décourager par l'échec apparent. Il s'agit d'une émission de radio, pas d'une pièce de théâtre. Ce qui importe, c'est ce que les auditeurs perçoivent de l'autre côté du poste. Et ça, nous ne pourrons le mesurer qu'après coup. Restons stoïques. Si ce qu'on leur donne à entendre leur plaît, peut-être voudront-ils également venir le voir !
Par ailleurs, ne demandons-nous pas un peu trop à nos invités ? Pour ceux qui chantent ou jouent le soir, venir dès 8 h 30-9 heures du matin pour répéter et faire les balances (quoi qu'il arrive, l'émission en direct démarre à 11 heures, mais le public entre à 10 h 30, donc tout doit être en place à 10 h 15) n'est pas toujours facile (les

musiciens exerçaient leur art en direct). Certains groupes sont plus ou moins longs à s'installer, d'autres, carrément habitués à vivre la nuit, connaissent des réveils et des matinées difficiles ! Il ne faut pas oublier que le *Tribunal* ne se veut pas un support publicitaire où les invités ne viendraient que pour assurer leur promotion, comme dans toutes les stations de radio et de TV, la même semaine. Non, nos « prévenus » ne participent que parce qu'ils ont envie de s'amuser avec nous. Rien ne m'agace plus que de retrouver le même chanteur, acteur ou écrivain avec l'éternel « votre dernier CD, film ou livre » accompagné des mêmes extraits.

Il nous fallut deux mois pour convaincre la direction de la nécessité de changer l'organisation de l'ensemble : oui, d'accord, la radio, c'est du direct mais, au moins pour démarrer dans de bonnes conditions, pourrions-nous enregistrer dans l'après-midi. Ce serait plus facile également pour le public, occupé par d'autres obligations le matin (il y avait alors moins de chômeurs, pas de 35 heures ou de RTT, et la matinée des « femmes au foyer » ou des retraités était consacrée aux courses dans les magasins ou sur les marchés). Nous proposions un nouveau rythme : deux émissions enregistrées les lundi, mercredi et vendredi, avec séances à 15 heures et à 17 heures. Les autres jours étaient consacrés à l'étude des dossiers et à l'écriture (du réquisitoire et de la plaidoirie), même si nous comptions sur de larges plages improvisées, gage de spontanéité.

De plus, puisque nous proposions d'enregistrer six émissions par semaine pour cinq diffusions, cela nous procurerait une réserve bien utile pour nous reposer de temps à autre et surtout une sécurité pour pallier, comme cela nous est arrivé au moment du direct (et même après !), la mauvaise surprise de celui ou celle qui se décommande à la dernière minute.
D'accord ! Et soudain, en novembre, l'émission a décollé ! Succès instantané. Salles pleines, critiques élogieuses, déplacements, tournées. Antenne 2 (l'ancêtre de France 2) nous commanda même une version télé qui fut tournée en février 1981 au studio 102 (devant près de neuf cents spectateurs) avec Raoul Sangla comme réalisateur ! Mon copain Jean Carmet accepta d'en être l'invité principal, avec pour témoins Alain Souchon, Laurent Voulzy, Georges Conchon (ancien prix Goncourt), Michel Legrand et Paul Préboist. Ambiance survoltée dans un studio 102 où nous refusons du monde !
Hélas, oserai-je parler de censure ? Oui !
Le *Tribunal* – version TV – était programmé un samedi soir début mars. Peu avant la diffusion, montage et mixage terminés, Monique, Raoul et votre serviteur sommes convoqués par le directeur des programmes d'Antenne 2 dans son bureau.
— Nous allons regarder la cassette ensemble, annonça-t-il.
Jusque-là, rien que de très normal. À un moment, il arrête l'enregistrement :

— Voilà, ici, nous avons un problème…
Attentifs, nous voyons et entendons la déposition d'un personnage créé pour l'occasion, un commissaire de police – Paul Préboist –, relater les circonstances de l'arrestation du prévenu – Jean Carmet – en pleine exhibition sexuelle. Le représentant de l'ordre dit : « … et celui-ci montra son sexe… » Le procureur – Pierre Desproges – sans lever la tête de son dossier l'interrompt : « Vous pouvez dire quéquette, monsieur le commissaire. » Rires de l'assistance.
— Ça, c'est pas possible, assène le directeur. Vous vous rendez compte ? « Quéquette » à 20 h 30, un samedi soir, devant un public familial ? Si les enfants entendent ça…
Mines ébahies des trois artisans. Que répondre ?
— Mais…
— Non… il faut couper « quéquette » !
Et nous voilà partis, quatre adultes de plus de trente ans, à discuter du bien-fondé du mot incriminé ! Au bout d'un moment, je réfléchis à ce qui suivait, à savoir le témoignage de Georges Conchon. Et je me souviens alors que l'écrivain (et par ailleurs rédacteur à l'Assemblée nationale) évoque sur un ton badin les turpitudes passées des candidats aux prochaines élections présidentielles de mai 1981. Entre autres, il rappelle l'affaire de l'« attentat de l'Observatoire » pour François Mitterrand et celle des diamants du toujours président Giscard. J'ai, nous avons tous compris. Et l'autre insiste !

— Il faut couper, je vous dis, « quéquette » ! C'est inadmissible de parler ainsi ! Si encore il avait dit « zizi » !

— Mais, monsieur, vous n'êtes pas réaliste ! Allez dans une cour de récréation et vous entendrez nos chères petites têtes blondes parler de « bite » !

Là, j'ai cru qu'il allait nous faire une crise d'apoplexie !

Nous sommes restés fermes et nous avons refusé de « couper quéquette ». Nous savions qu'en acceptant cette suggestion il nous faudrait – les séquences s'enchaînant – couper aussi la suite ! L'émission annoncée sera déprogrammée et ne sera diffusée que dix ou douze ans plus tard, en troisième partie de soirée, à minuit passé (dans *La 25ᵉ Heure* de Jacques Perrin). Le plus extraordinaire, c'est que deux ou trois jours après les élections (et la défaite de VGE), ce même directeur (soucieux de son avenir ?) me téléphonera pour me demander une nouvelle mouture du *Tribunal*, en me précisant : « Vous savez... j'ai toujours été de gauche ! » Et alors ? pensai-je. Je ne vois pas le rapport avec le service public de l'audiovisuel.

Quoi... ? Ah oui, je peux me tromper !

D'ailleurs, malgré mon refus de poursuivre notre si enrichissante (bien que brève) collaboration à l'aune d'un changement de majorité, l'individu conservera ses hautes responsabilités jusqu'à sa mort, des suites d'une longue maladie.

C'est bizarre, j'ai beau faire des efforts, je ne parviens pas à me souvenir de son nom.
Paix à ses cendres.

⁂

La montée en puissance du *Tribunal* (sur France Inter) va multiplier nos rencontres avec les personnages les plus invraisemblables, ainsi que les déplacements de notre équipe. Une vraie vie de saltimbanques. Nous partions quelquefois pour deux ou trois semaines. Une véritable caravane lancée sur les routes du pays. Les anecdotes de ces voyages abondent. Un livre entier serait nécessaire pour les rappeler : accidents, incidents, pannes, vols, nuits d'hôtel, fatigues, solitudes, scènes de ménage, fâcheries d'un moment, fous rires de tous les instants. Souvent, pour répéter, nous partagions Pierre, Luis et moi, la même voiture. Je n'ai pas de souvenir de Desproges au volant (je crois qu'il n'avait jamais passé son permis). C'est Rego ou moi qui conduisions. Je revois notre procureur, sur la banquette arrière, grogner si l'un des copilotes fumait qui une cigarette (Luis), qui la pipe (moi). Je l'entends encore nous menacer : « Vous verrez, vous allez mourir d'un cancer du poumon ! » Il avait raison : fumer tue ! Et pas toujours celui qui fume.
Je crois que Pierre a appris la nature du mal qui le rongeait au moment où nous avions décidé (après vote de l'équipe) de recevoir Jean-Marie Le Pen, déjà sulfureux mais sans la notoriété

connue par la suite... Dans son réquisitoire, Desproges évoqua cette maladie et même la crainte, pour un cancéreux, de voir le professeur Schwartzenberg (qui sera pourtant son thérapeute) entrer un jour dans sa chambre ! C'est aussi à cette occasion qu'il prononcera cette phrase, reprise par beaucoup (et parfois sans citer l'auteur, comme s'il s'agissait du domaine public, un peu dans le genre Frigidaire, Mobylette ou Klaxon) : « La question n'est pas de savoir si on peut rire de tout, mais avec qui ! » Je ne fus pas le seul à remarquer son ton un peu plus sérieux qu'à l'accoutumée.

En revanche, le meneur d'extrême droite « inspira » la virulence de Luis dans sa plaidoirie. Un absolu délire dans son récit des « vingt-quatre heures d'un nazi français » ! Debout dans sa robe noire ornée d'une étoile de shérif (à cinq branches) échappée d'une panoplie enfantine, en rappelant une autre moins anodine (mais à six branches) à une certaine époque, le petit immigré portugais réussit à déchaîner les rires de l'assistance et même à dérider le bon Aryen, qui ne put s'empêcher de me demander s'il s'agissait bien là de son « défenseur ». Finalement incapable de contenir son hilarité, il alla jusqu'à en perdre son œil de verre.

La séance fut filmée par une équipe de télévision (cinq caméras sous la direction de Michel Hermant), commanditée par Claude Berri, comme « brouillon » pour un futur film de Coluche. Cette expérience reste pour moi un des sommets de l'efficacité du rire en tant qu'arme politique, car ce jour-là Le Pen ne parvint pas à dominer le débat.

Je ne pense pas qu'à présent je renouvellerais l'expérience, n'ayant pas forcément encore l'envie de rire avec lui...

Malgré la violence des joutes oratoires entre Le Pen et l'avocat « comique d'office », baptisé par Desproges après la nomination d'un ministre de la Justice socialiste l'« avocat le plus Bas d'Inter » et les improvisations décapantes mais à propension dérapante, les plaintes furent rares. Suprême fierté : la seule action en justice, intentée par un auditeur plaideur, tourna court. Je n'ai jamais relu un texte de l'un ou l'autre avant l'enregistrement et Monique ne s'est servie de ses ciseaux de montage que pour respecter les contraintes de minutage (l'ambiance était telle que nous dépassions souvent le temps imparti). Anastasie n'est pas de nos amies ! Simplement, dès les débuts, j'avais prévenu tous les participants (nous avions également ajouté un « expert psychiatre », le « docteur Folly », Jeanne Folly, ex-journaliste à *Libération*) des dangers de la diffamation, des attaques personnelles telles que définies par les lois sur la liberté de la presse. J'avais surtout insisté sur les problèmes qu'amènerait une visite trop régulière au « vrai » tribunal. Car le producteur délégué est tenu, conjointement avec le P-DG, pour responsable de tous les propos tenus sur l'antenne, dans le cadre de l'émission incriminée.

On ne peut cependant pas tout prévoir. Le « procès » de l'ancien chef des barbouzes en Algérie pendant notre dernière guerre coloniale m'en valut un réel. En effet, M. X ayant évoqué – avec ressentiment – l'action du SAC (Service d'action civique) en 1968 contre nos compatriotes dits subversifs et les intentions de cette police parallèle d'utiliser les stades pour les parquer, comme au Chili, un petit chef marseillais de cette survivance d'un passé peu glorieux s'empressa de nous assigner sur l'accusation de propagation d'événements couverts par l'amnistie.

Première audience, le plaignant se fit excuser par l'entremise de son avocat et le président reporta à une date ultérieure.

À la deuxième audience, nouvelle absence, justifiée paraît-il par son emploi du temps extrêmement chargé. Report.

À la troisième excuse, le président de la XVIIe chambre correctionnelle s'emporte sur le temps (et l'argent) perdu par la justice et nous relaxe, en condamnant le plaignant aux dépens.

— Je crois que M. Villers est aussi occupé que son adversaire. De plus, je ne pense pas qu'il lise chaque jour le *Journal officiel*, d'où sa bonne foi. Vous pouvez à la rigueur réclamer un droit de réponse.

L'avocat de la partie civile voulut soulever un point de droit en m'interpellant mais le président l'interrompit en pleine envolée d'un : « Pardonnez-moi, maître, mais je vous rappelle que M. Villers n'est pas un vrai magistrat. En revanche, l'avocat de Radio France ou moi-même sommes à même de vous répondre... » L'autre n'insista pas et je pus quitter le banc d'infamie (où je comparaissais en tant que prévenu libre, quand même !).

En qualité de « pensionnaire » de cette maison (ORTF et Radio France confondus), je n'aurai eu à subir les foudres de la loi que deux fois*. Coût pour l'entreprise : condamnation ces deux fois au franc symbolique. En fait, deux fois 0,50 franc qui ne furent jamais retenus sur mon salaire et non inscrits à mon casier judiciaire.

Ouf !

* Une fois pour des propos tenus par un des reporters de *Marche ou rêve* sur les agissements d'un industriel du stylo bille dans un village de l'Oise. « Intention de nuire ». Mais il ne fit jamais publier les attendus (très drôles) du jugement. L'autre pour mon commentaire sur les qualités informatives d'un organe d'extrême droite.

9

Marchand d'histoires

« Allô, Claude... Ça y est, on va pouvoir la faire, notre radio. Je suis nommé directeur général de Radio Monte Carlo. Tu viens avec moi ? »

Un coup de téléphone et j'ai accepté d'interrompre le *Tribunal des flagrants délires*, à peine un an après ses débuts.

Il faut dire que nous en avions rêvé, Jean-Claude Héberlé et moi, d'une radio à notre convenance ! D'une radio toute nouvelle ! Comme celle que nous aimerions écouter toute la journée, débarrassée de tout ce que nous considérions – jeunes journalistes en grève, en 1968, aux États-Unis, lui à Washington, moi à New York – comme des scories, des trucs de vieux ! Une véritable révolution. C'était l'occasion ou jamais de « changer la vie », comme l'impliquait le changement de majorité en ce mois de mai 1981 !

Avant de partir vers de nouvelles aventures, j'avais mis en boîte une émission d'été avec Roland Dhordain, mon ancien patron, sur l'histoire de la radio, à base de documents sonores retrouvés par Jeanine Pezet de l'INA : *Il était une fois la TSF*, depuis ses débuts dans les années 1920.
Je passai tout l'été sur la Côte d'Azur à peaufiner un nouveau format pour une station qui ronronnait au soleil selon des recettes de grand-papa, héritées de Radio Luxembourg ! J'avais refusé le poste de directeur de l'antenne pour celui, plus utile à mes yeux, de « conseiller pour l'information et les programmes ». Ça en jetait et on allait voir ce qu'on allait voir. Alors, on fera ceci et cela. On remplacera ceci par cela. Finies les émissions pantouflardes, cucul la praline, les jeux crétinisants. J'avais même réussi à attirer une partie de mon équipe, dont Monique Desbarbat et Pierre Desproges, mais aussi des journalistes venus d'ailleurs, tels Pierre Dumayet, Claude Angeli, Jean Schmidt ou Roger Colombani.
J'avais un contrat d'un an et carte blanche. J'étais excité comme une puce. J'entrepris un remodelage complet des programmes et des journaux, peut-être un peu trop rapide et sans expliciter suffisamment notre action. Il aurait fallu prendre plus de temps, procéder par petites touches ici ou là. Auditoire et personnels ne suivaient pas. Des noyaux de résistance se formaient. Mais je reste persuadé qu'il fallait évoluer, bousculer les habitudes, les territoires fermés. Perdre des

auditeurs pour en gagner de nouveaux, encore plus nombreux. Ne pas s'arrêter en chemin.
Un jour, lors d'une réunion de direction, Héberlé fit part de son intention de concilier les deux objectifs. J'avais des doutes. Il faut savoir choisir ! L'innovation découle du changement. Je ne fus pas suivi et, coup de grâce, le DG m'annonça qu'il avait décidé de faire revenir Guy Lux dans la production – du style de celles que nous avions pourtant vivement condamnées – d'un jeu de hasard à base de roulette. Les candidats choisissaient un numéro, l'inscrivaient sur une carte postale et l'envoyaient à la station. Chaque jour, une main « innocente » lançait la roue en studio et sans témoin, l'animateur énonçait un chiffre gagnant, équivalant à une récompense, avec interview de l'heureux(se) élu(e) par téléphone, quelques plaisanteries bas de gamme et un disque de l'invité(e) innocent(e). Et voilà ! La « radio du soleil », de la « joie de vivre » revenait en force. Je n'apprécie guère le bonheur obligatoire, cette propension à vouloir distribuer à un petit nombre pour mieux faire saliver les autres. Mais je dois avoir tort.
Je fixai Jean-Claude et ses béni-oui-oui. Puis je ramassai mes affaires et quittai la salle…
— Tu pars ?
— Je ne veux surtout pas qu'on puisse croire que c'est moi qui t'ai conseillé ce revirement.
C'était une maison à la campagne. Il faisait beau. Dans le jardin, au milieu des parterres de fleurs, une balançoire était accrochée à la grosse

branche d'un arbre. Je m'y suis assis. J'étais consterné, abattu. Au bout de quelques mois, le beau rêve – l'utopie, me dira-t-on – s'effondrait. Le soir, je suis rentré à Paris. Je ne voyais plus la nécessité de ma présence mais j'étais lié par un contrat et je n'avais pas les moyens de le racheter. La nuit porte conseil.

Au matin, j'avais trouvé une monnaie d'échange.

— Je renonce à te conseiller, j'abandonne mon titre ronflant et, si tu le veux, je te propose à la place d'écrire et de présenter à l'antenne une série.

— T'as une idée ?

— Oui, un vieux rêve (un de plus) : le tour des États-Unis en train…

— OK.

Au retour de mon voyage, j'ai raconté mon équipée (plus de 15 000 kilomètres en un mois, avec de nombreux arrêts de deux ou trois jours à chaque fois). Bien sûr, c'est Monique Desbarbat qui a mis en onde mon récit : *Le Vent du désert**. Ça commençait chaque jour par : « Le Vent du désert, c'est le nom d'un train… »

En fait, raconter, c'est ce qui me plaisait le plus. Mais pas question de continuer à RMC. Depuis quelques mois, Michèle Cotta était devenue la nouvelle pédégère de Radio France, Jean-Pierre Farkas (ancien correspondant de RTL à New

* Le Vent du désert, *Desert Wind*, est un train qui relie Chicago à Los Angeles, via Denver, Salt Lake City, Las Vegas et le désert de Mojave.

York peu avant mon départ de cette ville) son directeur de France Inter... et Patrice Blanc-Francard, directeur des programmes.

— Revenez, Claude, c'est ici votre vraie maison... On vous attend, me dit un jour d'été la « Patronne ».

En septembre 1982, le *Tribunal des flagrants délires* reprenait ses audiences et son rythme infernal de tournées, d'incidents, d'accidents de parcours. Incident, la fâcherie avec Pierre Desproges, au caractère ombrageux, mais on se réconciliera rapidement par la suite. Accident, l'affrontement avec un nouveau P-DG, petit-fils de sénateur, fils de ministre et futur ministre (ou sous-ministre) lui-même. Le directeur avait changé lui aussi. Un professionnel, lui, dont j'avais même été l'assistant (avant de partir à New York), alignant une carrière de producteur à succès mais peut-être un tant soit peu... disons timoré dans son dernier uniforme. La fin de saison approchait. Avant de signer pour une nouvelle série, l'équipe estimait mériter une augmentation de salaire substantielle. À ma demande polie, le directeur a hésité, puis prétendu qu'il me fallait voir plus haut. Pourquoi pas ?

— Bonjour, monsieur le président...

— Quoi ! Une augmentation ? Vous n'y pensez pas ! Il faut d'abord la mériter.

— C'est vrai, je suis d'accord, mais je croyais d'après les derniers sondages publiés...

— Non, pas question, alors vous gagneriez plus que moi !
— J'ignorais qu'un haut fonctionnaire fût si mal payé !
— Ne soyez pas insolent, vous oubliez à qui vous parlez. Je vous l'ai dit, faites vos preuves !
— Entendu, mais certainement pas avec vous.
— Vous voulez partir ? À votre guise. Après tout, vous retournerez à votre corps d'origine !
— Mais, monsieur, c'est ici mon corps d'origine...
Fin de l'entrevue. Dans l'ascenseur du retour, le directeur, qui m'accompagnait et n'était pas intervenu une seule fois dans la discussion, m'a regardé et m'a demandé :
— Tu vas quand même signer ?
— Non.
— Mais tu ne vas pas partir comme ça ? Pour ça ? Après vingt ans dans la maison ?
— Pourquoi tu ne lui en as pas parlé ? Salut !
Mais je ne pouvais pas m'en aller tout de suite. Une émission d'été était prévue, *Les Îles sous le rêve*, une balade polynésienne réalisée le mois précédent aux Tuamotu, à Tahiti et dans l'archipel de la Société. Quatre semaines de reportage avec le réalisateur Serge Christophel, pour chaque jour de juillet et août ! En sortant du studio, j'ai vidé mon bureau et rempli mes cartons. Mes camarades tentaient de me dissuader. Une conseillère du président a même tenté de me convaincre. Trop tard. Je suis bête, hein ?

Le premier lundi de septembre, je me demandais bien comment j'allais gagner ma vie. Et puis le téléphone a sonné...

⁂

Ironie du sort – j'en prends conscience aujourd'hui seulement en écrivant ces lignes ! –, le premier à m'appeler et à me proposer un travail, au lendemain de mon départ de Radio France, se trouve en être son président actuel ! (Dernière heure : démissionnaire fin avril 2004.)
En 1983, Jean-Marie Cavada, lui aussi en rupture de service public, dirigeait une société de production dont l'une des activités consistait à réaliser des « événementiels ». Je ne savais même pas de quoi il s'agissait. Un « événementiel », c'est l'organisation d'une assemblée générale des actionnaires, des cadres, du personnel, des représentants, des concessionnaires ou des clients privilégiés d'une entreprise, sous forme d'un show spectaculaire à même d'informer de la vie, de l'évolution ou des nouveaux produits de la compagnie.
— Tu peux me faire un *Tribunal* pour le séminaire de la banque X à Strasbourg ?
— Ben non, j'ai juste quitté Inter...
— Je sais. Justement, pourquoi ne pas l'adapter ?
Il m'a cité l'exemple de certains de mes confrères, arrondissant ainsi leurs fins de mois. Je n'y avais jamais pensé ! Pourquoi pas ? Essayons.

Et j'ai retrouvé mes comparses*, mon siège de « Massif Central » (dixit Desproges) et les robes (« austères de la justice ») d'un loueur de costumes de théâtre. Dans le box, le P-DG de la banque en question, assailli de questions et d'accusations plus ou moins farfelues, mais toujours en relation avec l'objet de la réunion. Le message par le rire. Rire de soi-même, accepter d'être remis en cause est, pour un patron, un défi qui séduit : « T'as vu, il a du répondant, le vieux... » et le héros du moment de se rire des hésitations, des appréhensions.
Le *Tribunal*, vecteur de persuasion commerciale, se révélera pour nous une bonne affaire. En quelques semaines, cela deviendra une véritable organisation, avec directeur de production (Yves Minot), régisseur, machiniste et technicien, disposant de ses propres costumes et de ses propres décors pliables et rangeables dans les « flight cases » (coffres étroits, à roulettes, sur mesure pour transport en avion). Car le *Tribunal* se déplaçait non seulement en France mais aussi dans le monde entier : New York, Orlando, Bangkok, Acapulco, Istanbul ou Vienne, au gré des contrats.
Simultanément, grâce à mon agent, ange gardien, garde-barrière, Marie-Laure Munich, d'autres propositions m'entraînent vers d'autres activités : chroniques ou reportages pour des journaux, des agences de presse, écriture de livres ou

* Plus tard, Pierre Desproges sera remplacé par José Artur.

commentaires pour des documentaires, émissions de TV, adaptations de livres pour enfants en cassette audio, voix de dessins animés, animation de débats, scénarios de films, CD-ROM, petits rôles dans des films ou des téléfilms. En fait, l'exploration de nouveaux domaines dans lesquels je ne m'étais jamais aventuré ou que j'avais dû abandonner par manque de temps.
Et pour corser le tout, je repiquais à un exercice qui me manquait : la radio. Pas n'importe quelle radio. « Ma » radio.
En 1983 fleurissait ce que la presse dénommait les « radios libres ». Un aimable foutoir où des petits malins, malgré des lois maladroites, tentaient de se tailler une place – et un magot – au soleil en mordant sur les longueurs d'onde plus ou moins définies, en gonflant les puissances de leurs émetteurs pour couvrir ceux des autres. Les bénévoles se décourageaient. Leurs « associations » étaient exsangues, impitoyablement écrasées par les rouleaux compresseurs des « privées » dans lesquelles la publicité s'engouffrait entre deux ou trois disques boum-boum enchaînés, avec pour seul credo le fric entassé.
Pourtant, il existait toujours des îlots luttant contre ce début de nouveau monopole d'une FM juke-box. Pour nourrir les antennes, des agences proposaient des informations, des débats, des reportages. J'y collaborais parfois. Un soir, après avoir dîné avec le directeur de l'une d'elles (Forum), je le raccompagnai en voiture. Je le vis farfouiller dans ma cargaison de cassettes. Une

collection de ballades de tous les pays, de jazz, de blues, etc.

— Ça change de ce qu'on entend sur les antennes… Ça fait rêver…

— Ah, les voyages, tu sais…

Et soudain, eurêka ! Si ça nous transporte tous les deux, pourquoi pas d'autres ?

L'idée de Pacific FM était née. On l'a proposée à un producteur de cinéma. Banco. On enregistrait des disques et des textes de deux minutes sur des bandes magnétiques séparées et topées (c'est-à-dire que le matin en arrivant, le patron de la station composait des chiffres et des lettres sur le clavier d'un ordinateur : A5, B3, C17, et choisissait ainsi d'enchaîner le cinquième morceau de la A avec le troisième de la B et l'histoire 17 de la bande C… et ainsi de suite). De quoi garnir une bonne partie des vingt-quatre heures d'antenne.

Au début, nous expédiions ces bandes par le Sernam. Va pour une dizaine de clients mais, si ça fonctionne, arrive le moment où les copies et les envois augmentent les coûts. En quelques semaines, il fallut se résoudre à « monter » sur le satellite. Pourquoi, dans un même élan, ne pas créer notre propre réseau ? Trois mois plus tard, Pacific FM comptait cinquante-cinq stations à travers la France. Certaines nous appartenaient mais la plupart étaient franchisées, conservant leur indépendance grâce à des décrochages pour les informations locales ou des séquences spécifiques.

Pacific FM était une vraie radio avec ses flashes horaires, ses journaux complets à 8 heures, 12 h 30 et 18 h 30, ses débats, avec son équipe de journalistes professionnels. Parmi eux : Leslie Bedos, Isabelle Motrot (ancienne assistante de Kriss), Vladimir Donn et un débutant nommé David Pujadas ! Nous avions même créé un studio-école à Saint-Malo. Lorsque tout fut bien en place et... rentable, le financier, et donc propriétaire en titre, décida qu'il était temps de vendre (un bon prix). Cela s'appelle réaliser une plus-value. Je n'étais que salarié (directeur d'antenne), je n'avais pas mon mot à dire. « Qui mange mon pain chante ma chanson », avait coutume d'affirmer le producteur hollywoodien, créateur dans les années 1920 de la puissante Columbia, Harry Cohn (dit King Cohn !).

Je n'aime pas les patrons de droit divin qui vendent les personnels avec les meubles. Après tout, je pouvais toujours changer de boulanger. J'ai bien fait ! Pacific FM est en réalité tombée dans l'escarcelle de l'énergique marchand de tapis musicaux, en réaction duquel nous l'avions créée ! J'ai repris mes petits boulots, mes voyages et mes rêves un peu ébréchés quand même au cours de ces dernières années.

⁂

La télévision est un instrument merveilleux. Mais, comme le prétend José Artur, la radio lui est bien

supérieure car, nous, on a réussi à supprimer l'image.
Ce n'est pas très gentil et pas tout à fait exact. L'image existe à la radio. Par les mots et les phrases. La puissance d'évocation peut même être plus intense car, à la TV, tout le monde voit le même bleu (à condition que le récepteur soit bien réglé !) alors qu'à la radio il se nuance selon votre humeur du moment. Comme dans un livre, le héros ou l'héroïne prend le physique de vos fantasmes, de votre imaginaire. Et même si, de plus en plus, certains programmes de télé ne sont en fait que de la radio filmée (par la platitude de la réalisation), il n'en reste pas moins que, fasciné par l'image, on a plus souvent tendance à entendre qu'à écouter. Encore que tout cela puisse s'inverser, suivant la chaîne que vous entendez ou que vous écoutez.
Même si l'essentiel de ma vie professionnelle relève plus d'un média que de l'autre, la télévision m'a bien évidemment tenté et je m'y suis frotté en quelques occasions, pas toujours avec succès mais souvent avec plaisir.
Dès 1972, j'ai produit et/ou présenté des divertissements, des documentaires, des courts métrages, des émissions de toutes sortes. Des prétextes à rencontre avec des personnages hors du commun pour des sujets qui ne l'étaient pas moins. Travailler avec de grands réalisateurs ou producteurs comme Raoul Sangla, Michel Hermant, Jean Herman (aucun rapport – alias à présent Jean Vautrin), Jean-Daniel Verhaegue, Jean-Christophe

Averty, Daniel Costelle (*Histoire de la marine*), Bernard Bouthier et le lumineux Jean Frappat, à qui je dois mes plus belles émotions télévisuelles avec la série des *Télétests* de 1979 à 1981 ! Mais aussi avec des textes, de Stendhal à Marcel Aymé (*Les Contes du chat perché*) en dessin animé. Depuis les pitreries avec Patrice Blanc-Francard (*Tiens y a de la lumière*) ou Daniela Lumbroso, Christine Bravo et d'autres lurons (dans *Pirates*) jusqu'au respect imposé par un géant élégant comme Fred Astaire (*Dancing Time*). D'un magazine de cuisine (*Cuisines du monde*) ou de cinéma (*Ciné Parade*) en passant par la nostalgie du commandant Croisille, maître après Dieu du paquebot *France* (*L'Âge du capitaine*), sans oublier les voix off de *Jonathan*, le magazine nature d'Olivier de Kersauson sur la Cinq de Berlusconi, la coproduction (avec Ève Ruggieri) des après-midi de l'antique Une des années 1970, les films pour la Mission Câble (préfigurant début 1980 les chaînes thématiques), *Les Fleurs de la passion*, ou la mission d'études (en 1983) auprès du premier directeur d'un Canal + encore dans les limbes, Alain de Sédouy. Malheureusement, ce dernier osa s'élever contre le « protégé de Dieu », ex-secrétaire général de l'Élysée, ex-patron d'agence de pub et toujours propriétaire d'une société de taxis, empereur désigné de la première chaîne cryptée française. Démission de Sédouy, vite suivie de la mienne.

Qu'importe son successeur, même si, comme moi, il se dit un enfant du rock. Je n'avais plus envie !
Ce métier est un tout petit monde et l'on se retrouve, un jour ou l'autre. Pas forcément pour régler des comptes mais pour la satisfaction de pouvoir dire non. Ce qui, à vrai dire, revient au même. J'ai toujours détesté cette légende de la « Grande Famille de l'Audiovisuel » où chacun se lèche le museau devant l'objectif ; où le fils chéri, pour quelques points d'Audimat perdus, se retrouve « accident industriel » mais, fils prodigue, revient en super garçon de ferme se vautrer sur le premier tas de fumier en *prime time*. Et surtout, on applaudit bien fort, en rythme, à la commande du chauffeur de salle !
Oui, la télévision est un instrument merveilleux. Vive le câble, le satellite et les chaînes thématiques ! Mais, excepté quelques apparitions sur la Cinq (la nouvelle), Arte, Planète ou Voyage, je ne vois pas très bien ce que je pourrais y fabriquer ! N'y voyez pas une marque de snobisme ou de condescendance. Juste un aveu d'incompétence et d'impuissance. Comme le dit Brassens : « Je chante ma petite chanson et si ça ne vous plaît pas, je la remets dans ma guitare ! »

⁂

Je suis un adepte forcené du désordre organisé. Chez moi, au bureau, des livres couvrent planchers et moquettes. Depuis des années, je découpe les articles sur mes sujets de prédilection (et Dieu sait s'il y en a) ou des thèmes possibles de futurs livres ou films. Durant plus de quarante ans de métier, j'en ai entassé des caisses et des piles, depuis longtemps non classées. Par terre, sur des chaises ou sur mes tables de travail. J'en suis réduit à écrire cerné de falaises de papier. Mon épouse me le reproche, mes collaboratrices se désespèrent et les services de sécurité de mon employeur s'inquiètent et attendent impatiemment mon départ. Des cinquantaines de cartons dorment encore dans la grange de ma maison de campagne, reliques d'un déménagement vieux de dix ans !

Parfois, une rage de rangement me prend et c'est un tel plaisir de redécouvrir ce que j'avais oublié ! Je retrouve alors mes joies de petit garçon à farfouiller dans les greniers. Mes doutes et mes interrogations aussi, en contemplant les découvertes d'un passé que l'on imagine trop ancien pour avoir pu appartenir même à ceux qui ne sont plus. Une chaîne de montre, une ébauche de poème, un cahier d'écolier à l'écriture ronde appliquée, la partition d'une chanson, un livre de Jules Verne illustré par Gustave Doré, un livret militaire, un brassard de communiant soigneusement étalé entre deux feuilles de papier de soie, une revue coquine sépia à peine dissimulée sous un amas de lettres enrubannées, un diplôme de certificat d'études, un prix de camaraderie, un brevet de natation « 50 mètres nage libre », des bobines de fils de couleur, un livret de mariage

écorné, des médailles militaires et des photos jaunies... Le chat qu'on n'a pas vu arriver et qui, indifférent, s'étend sur les trésors étalés. La voix de tante Stéphanie qui monte soudain de la cuisine pour prévenir que l'eau est chaude pour la grande toilette du samedi. Vite, remettre tout en place, refermer le couvercle de la malle, non sans avoir prélevé un canif à la lame rouillée mais au manche en corne, une casquette à carreaux ou une flûte taillée dans du bois de sureau. Et redescendre brusquement l'escalier jusqu'à la tante épouvantée, près de la grande bassine étamée : « Ben, où t'as trouvé ça ? Arrête ton bastringue, que tu souffles n'dans et qu'ça a pas servi depuis qu'Dieu sait-y. Pose ça et déshabille-toi, sans secouer t'poussière. Regarde-moi ça, t'es tout noir à ch't'heure, c't-y pas un malheur... »
Je sais qu'un jour, un enfant à son tour bousculera mes souvenirs de toute une vie, bibelots d'un instant et simples romans.
Essayer de raconter sa vie est bien plus difficile. Fouiller dans les cartons de la mémoire impose un tri, un rangement, un classement frisant l'impossible. Ne pas se disperser, aller à l'essentiel. Mais qu'est-ce que l'essentiel ? Pour vous, pour moi ?
Et tout ce que l'on hésite ou renonce à confier ? Garder – même pour soi, surtout pour soi – une part de mystère. Oubli de circonstance ou indifférence volontaire, sénilité ou amnésie temporaire ?

⁂

Je suis revenu au bercail, après un long exil de cinq ans. La valse – triste – des P-DG de Radio France continuait. En 1988, adieu à l'un, en voici un autre, professionnel au moins ! Téléphone, rencontre, je ne demandais qu'à revenir. Roland Faure n'a eu aucune difficulté à me convaincre. Pourtant, si le P-DG avait changé, le directeur d'Inter, lui, restait aux commandes de la chaîne. Je ne suis pas rancunier mais, comme on dit, l'éléphant a de la mémoire ! Pas question de travailler avec lui.

Jean-Marie Borzeix était à présent directeur de France Culture. C'est lui qui m'a recueilli*. Je l'avais connu dans les années 1970, au cours d'un voyage de presse en Louisiane, organisé par la maison, à l'occasion d'une grande fête franco-canadienne mise en scène par Michel Tauriac. Comme j'étais censé connaître le pays, Mme Baudrier m'avait demandé d'accompagner et de veiller au bien-être de la dizaine de confrères embarqués dans l'aventure. Ce fut une très joyeuse expédition, tant dans les bars et restaurants de Lafayette que dans les bayous avoisinants.

---

* *Élémentaire, cher petit homme*, avec Claire Bouleau, une émission quotidienne sur les éléments : l'eau, la terre, l'air et le feu, à travers les poèmes, les musiques, les chansons, les philosophies et les films, en compagnie d'auteurs, d'acteurs (dont Christine Pascal, Philippe Noiret, Jean-Louis Trintignant, etc.).

Un des directeurs généraux (adjoint ? je ne sais plus, nous en avons tant !), réputé pour son austérité mêlée d'autorité (à moins que ce ne soit le contraire), d'un aspect extérieur fort rigide (toujours tiré à quatre épingles), m'entend dans le hall de l'hôtel proposer à nos invités une balade pour le lendemain matin, sur ces marécages géants et sauvages, peuplés d'alligators et d'oiseaux multicolores. Avant que je remonte dans ma chambre, il m'accoste au pied de l'escalier et me demande s'il peut venir avec nous. Que répondre ? Toutefois, toujours attentif au bien-être de mes supérieurs, je lui conseille de se vêtir décontracté, d'abandonner – en raison de la chaleur et de l'humidité – cravate, chemise en Nylon et costume croisé pour une tenue en coton, faute de quoi il va souffrir.

— Ne vous inquiétez pas, je sais ce que j'ai à faire !

À l'heure du rendez-vous matinal, nous le voyons s'approcher de notre petit groupe, habillé comme s'il s'apprêtait à rendre visite au Premier ministre. Je risque un timide « Je crois que… » immédiatement interrompu d'un revers de main impératif. Au cours de cette promenade sur le bateau d'un pêcheur d'écrevisses du coin, nous musardons à travers les cyprès chauves (sans feuillage !) aux « genoux » (racines) hors de l'eau verdâtre, nous observons le manège des rats musqués, des aigrettes, des poules d'eau, des ragondins et des reptiles aquatiques de toutes

sortes. Le soleil commence à taper. Les vestes de toile tombent.
L'énarque de service a gardé sa cravate et sa veste. Un petit arrêt buffet dans une anse abritée et nous sommes repartis. Dix minutes. En plein milieu du *swamp*, la panne ! Immobilité sous le soleil. Le moteur est en rade. Le capitaine contacte sa base par radio. Une « pirogue » nous apportera la pièce de rechange dans... deux à trois heures. Notre groupe reflue sous le taud tendu derrière la cabine. Sauf bien sûr notre dirlo, qui reste, stoïque, sans couvre-chef, penché au bastingage en plein soleil. Avec Borzeix, nous tentons de le raisonner. Rien n'y fait. Devant son air rogue, nous nous retirons plus à l'ombre. Au bout d'un moment, pourtant, il retire sa veste, puis sa cravate, décroche le bouton de son col, retrousse les manches de sa chemise et enfin, vaincu, se recule à la limite de l'abri de toile, protégé seulement à moitié. C'est compter sans l'astre brûlant et sa réflexion sur l'eau.
Le jour suivant, grande cérémonie prévue pour la remise d'un présent de la ville d'Orléans à la municipalité de New Orleans : une magnifique statue de Jeanne d'Arc devant s'élever en plein centre de l'agglomération. Un car nous attend pour emmener notre délégation. Lorsque le cher directeur monte avec nous, nous avons du mal à contenir notre hilarité. Ce dernier porte toujours un complet sévère, impeccable, mais il est coiffé d'une casquette rouge à longue visière dissimulant mal le coup de soleil qui lui mange le visage.

Arrivé à destination, à notre descente du car, il y a foule. Une unité de Marines, en grand uniforme, présente les armes sur un ordre sec. Les porte-drapeaux redressent les oriflammes, la bannière étoilée et les trois couleurs françaises. Obligé de passer en revue les soldats au garde-à-vous et les pavillons de nos pays respectifs, notre directeur, en tant que représentant de la République, se doit de retirer son chapeau. À ce moment précis, des rires s'élèvent de la foule massée derrière les barrières et de larges sourires commencent à éclairer les traits militairement figés de la haie d'honneur. Le consul et le maire, qui l'accompagnent, après l'avoir fixé, ébahis, un instant, tournent la tête vers nous et se mordent les lèvres pour ne pas exploser. L'autre, digne comme un chef d'État, imperturbable, continue d'avancer au pas cadencé malgré les gloussements croissants des soldats et des officiels. Le pauvre. C'est la première fois que je voyais ça : une moitié de la tête écarlate et l'autre blanche, séparées en biais, marque spectaculaire et cuisante de sa position de la veille, à la limite de l'abri de toile ! Et ce n'était pas fini : après qu'il se fut tenu immobile, tête nue durant l'exécution des hymnes nationaux, sous le soleil de midi, nous avons tous vu son crâne dégarni rougir à son tour. À la fin, il a remis vivement sa casquette et s'est enfui. Nous ne l'avons plus rencontré du séjour ! Dommage pour lui. À dix ans de distance, bien sûr, Borzeix se souvenait de cet épisode. Ça crée des liens…

⁂

Je serais bien resté à France Culture, mais Ève Ruggieri, à peine nommée à la direction d'Inter en remplacement de mon « obstacle » personnel, m'a demandé de revenir dès la fin de l'été. Elle voulait que je reprenne le *Tribunal*. Impossible. D'abord, il ne faut jamais revenir en arrière, et puis, Pierre Desproges ayant quitté ce monde quelques mois auparavant (avril 1988), cela me paraissait assez indécent. Mais pourquoi pas un néo-*Tribunal* ? En prenant de la hauteur ? Après la justice des hommes, pourquoi ne pas nous confronter à la justice divine : *Bienvenue au paradis* ? Expédier les uns goûter des flammes de l'enfer, les autres les délices du paradis... Pauvres mortels, pauvres pécheurs, fieffés saints ou supposés tels.

C'est ainsi que je fus promu juge suprême (enfin, son représentant) et que j'endossai la robe de saint Pierre. Satan, fourchu et cornu, réclamant son contingent de voyageurs pour l'enfer, depuis son chaudron maléfique, ne pouvait être que le diabolique Luis Rego. Heureusement, nous pouvions le contrer grâce au rapport bienveillant de l'ange gardien (Isabelle Motrot, venue de Pacific FM) du trépassé, isolé, en attente sur son coin de nuage (en contreplaqué) et avec l'aide aussi de la défense efficace de l'archange Gabriel (Dominique Jamet puis, vers la fin, Patrice Delbourg et Yvan Dautun). Tous ces parangons de vertu évidemment de blanc vêtus. Monique

Desbarbat, revenue elle aussi de son exil monégasque, a tout repris en main. Nous avons retrouvé Maïté Vasseur et Corinne Valente, et reconstitué notre ligue dissoute, le « chérubin » Rabol accompagnant toujours au piano nos impétrants, défilé de vedettes et d'hommes (ou de femmes) politiques.

⁂

Au début de 1990, changement de direction (Pierre Bouteiller) à la tête de la boutique Inter et changement d'orientation. À nous le consumérisme à 10 heures du matin : *Qu'est-ce qu'on attend pour vivre mieux* avec une équipe de reporters (dont toujours Isabelle Motrot et Vladimir Donn, également transfuge de Pacific FM) dénichant des empêcheurs de « changer la/notre vie ! ».

⁂

À la rentrée de septembre 1990, retour à la caricature de l'actualité avec *Le Vrai Faux Journal.* Et c'est reparti dans la satire (parfois méchante) de notre quotidien, grâce à une « rédaction » assez particulière. Reporters, chroniqueurs et votre serviteur, rédacteur en chef et éditorialiste écrivent leurs interventions, après une conférence à 8 heures, le matin même, pour diffusion en direct après les « vraies infos » de midi. Sous le nom d'Ivan Dubaï, je vitupère dans le style des

colères de Jean-François Noël et des partis pris de Jean Nocher : « C'est une honte, c'est un scandale ! »
L'enchaînement des différentes séquences relevait de la folie. Tout y passait. Rien ne trouvait grâce à nos yeux. On « tirait » sur tout ce qui bougeait. Il y avait là des habitués comme Isabelle Motrot, mais aussi des « petits nouveaux » tels Laurent Ruquier (ancien « nègre » de Jean Amadou ou Jean Roucas sur Europe 1 et recruté par Pierre Bouteiller), Renaud Alberny, Laurent Tastet en reporter à tout faire, Virginie Lemoine (arrivée par miracle pour remplacer Isabelle Motrot durant son congé de maternité mais restée ensuite) et des imitateurs capables de prendre la voix de nos chers ministres ou autres : Pascal Brunner, Frédéric Lebon et le tout jeune Laurent Gerra (amené par Virginie).
La première guerre du Golfe faillit nous interrompre mais, excepte une semaine d'arrêt de l'émission au paroxysme du conflit, nous avons réussi à asseoir notre réputation grâce, entre autres, aux faux reportages de notre soi-disant envoyé spécial à Bagdad, Jean Sairien (Laurent Tastet), nous débitant les pauvres communiqués officiels inspirés de ceux du SIRPA (le Service de presse des armées), selon lesquels tout se déroulait au mieux !
Les seuls ennuis provinrent de notre ministre des Armées, François Léotard lui-même, dont nous avions réalisé une fausse interview (Isabelle

Motrot et un imitateur) d'où l'Excellence ne sortait pas grandie. La « journaliste » s'entretenait avec lui comme avec un enfant attardé, toutes ses questions débutaient par « Fanfois » et amenaient les réponses les plus niaises qui soient. Peu après, téléphone de Charles Polio (l'administrateur) :

— Claude, il faudrait que tu viennes. J'ai dans mon bureau l'avocat et le directeur de cabinet du ministre des Armées, ils exigent un droit de réponse...

— Oh oui, tout de suite, accepte ! dis-je. Tu te rends compte de la chance ? Avoir l'obligation légale de dire à l'antenne : contrairement à ce que nous avons pu annoncer, M. François Léotard, ministre des Armées, nous prie de vous faire savoir qu'il n'est pas un con ! Gros succès dans les chaumières... Ça nous évite même d'écrire un sketch !

Je l'entendis répéter ma phrase à ses interlocteurs et des rires étouffés. Puis, d'une voix mal assurée, Polio me confia rapidement :

— Bon, tu laisses tomber et tu oublies ce que je t'ai dit... À bientôt.

J'ai eu la charité, à l'époque, de ne rien ébruiter mais je ne peux pas m'empêcher de vous le confier maintenant.

Dans le même ordre d'idées, la direction de l'Information a tenté de nous imposer des flashes tous les quarts d'heure avec les communiqués du SIRPA.

Nous enchaînions aussitôt avec une correspondance de notre reporter Jean Sairien, lui aussi collant à la vérité officielle, si bien que les « chers auditeurs » ne savaient plus à quel saint se vouer. Après une explication orageuse, le jour même, Ivan Levaï, beau joueur, a laissé tomber pour le lendemain.

⁂

À l'automne 1992, autre genre d'exercice. De 9 à 10 heures, je me retrouve *Marchand d'histoires* à raconter tous les matins des événements en rapport avec les éphémérides. J'obtiens deux auteurs pour m'assister, le duo de choc : Renaud Alberny (déjà cité) et Christian Clères (venu de Radio France Normandie et passionné de paquebots, avec qui j'écrirai plus tard *France, un rêve de géant** sur le *liner* mythique). Chacun de nous rédige deux textes (documentés) hebdomadaires, ce qui multiplié par trois donne six récits pour cinq diffusions. C'est-à-dire que toutes les cinq semaines, nous en avons une pour souffler ou voyager.

C'est ainsi qu'en octobre 1992, j'emmènerai Monique dans un rapide tour des États-Unis pour une suite de portraits à l'occasion des élections présidentielles. Ou qu'en novembre 1994, l'apartheid aboli et Nelson Mandela élu président en Afrique du Sud, je pourrai enfin parcourir ce

* Éditions Glénat, 1995.

pays superbe où j'avais jusque-là toujours refusé de me rendre. On manifeste sa solidarité comme on peut ! S'il n'est pas possible de refuser dans ce métier de se rendre où l'on vous envoie pour rapporter les faits et gestes de vos contemporains, même dans les situations les plus extrêmes, au regard de l'actualité la plus brûlante (horribles souvenirs de guerre, d'émeutes, d'humiliations d'un État totalitaire et/ou corrompu sur son propre peuple), il n'en est pas de même à l'occasion d'émissions consacrées au plaisir de voyager. Une invitation à vous suivre non seulement par la voix des ondes mais aussi peut-être physiquement ensuite. Rien ne me plaît davantage, même des mois après la diffusion, que de recevoir des cartes d'auditeurs partis se promener là-bas, soucieux de vivre l'aventure à leur tour. Alors vous pensez bien que je me suis toujours refusé à les entraîner sur des chemins que je juge indignes. Comment peut-on éprouver de la joie à évoluer au sein d'une société malade de la famine ou de la privation de liberté par les aberrations ou la malhonnêteté de ses dirigeants !

Souvent, le rêve se marie mal avec la triste réalité de notre univers. C'est pourquoi je me refuse à promouvoir les déplacements dans certaines parties du monde. Amateur reconnu de bons cigares, je me suis toujours interdit le voyage à Cuba tant que Castro ne sera pas parti d'une manière ou d'une autre. Dire que ces gens s'estiment immortels ! Bien que leurs successeurs, parfois, ne vaillent guère mieux. Les exemples,

hélas, ne manquent pas. Mais, je l'avoue, ma démarche m'interdit l'accès de nombre de pays indignes – cela peut paraître prétentieux – de ma considération ou tout au moins de ma recommandation.
Cela explique le bonheur de ce voyage dans cette nouvelle Afrique du Sud. Bien sûr, la misère traîne encore les rues et tous les problèmes sont loin d'être résolus, les difficultés abolies. Une fois la race autoproclamée « supérieure » disparue, vivre la première année d'un fol espoir, de la libération des esprits enchaînés par des siècles d'obscurantisme, c'est une vraie satisfaction !
J'ai toujours imaginé la liesse, les promesses qui devaient courir la France après les années noires de l'Occupation. Mais je suis heureux d'avoir connu 1968 (même de loin), la fin de la dictature fasciste au Portugal ou la chute du mur de Berlin et l'effondrement du rideau de fer des Républiques dites populaires. Même s'il s'ensuit d'inévitables déceptions, je reste persuadé qu'il faut espérer sans cesse à des « lendemains qui chantent ». Et croyez-moi, ça chantait dans les villes et les villages d'Afrique du Sud en ce mois de novembre 1994. Le cap de Bonne-Espérance justifiait pleinement son nom, et je pouvais l'ajouter à ma collection de « finistères ». Ne me manque plus que le cap Horn !
J'aime cette sensation de parvenir à l'extrémité d'un continent, de contempler les océans et d'imaginer au loin les pôles que je n'atteindrai jamais. C'est un peu comme d'admirer les étoiles

tout là-haut dans le ciel. Il me faut garder un coin d'impossible, même si…
Du Cap, je suis remonté à Pretoria en train à vapeur. Depuis les plates-formes ouvertes des vieilles voitures en bois, j'admirais la solitude de l'immense *bush*, rompue par la course d'une autruche, les baraques abandonnées des pionniers afrikaners du « Grand Trek » ou des chercheurs d'or et de diamants. Dans la capitale, les jacarandas étaient en fleurs et je profitai de la douceur du printemps austral pour aller m'enfoncer dans le labyrinthe des réserves naturelles, au beau milieu d'une jungle et d'une brousse encore préservées où s'ébattaient librement lions et éléphants, girafes et hippopotames. Je rapportais des tonnes d'images, d'histoires à raconter.
À Noël, je n'en étais encore qu'à la moitié. Et le soir même du 24 décembre, je reçus un cadeau mal intentionné : un premier accident de santé. Comme j'étais réduit au silence, Marcel Jullian accepta de me remplacer durant deux mois. Le redémarrage fut pénible et je dus, pour la première fois, réduire mes activités et mes voyages. Pas tout à fait, puisque avec une nouvelle équipe de reporters (Gwenaelle Abolivier, Anne Pastor, Sylvie Perez, Claire Hédon, Zoé Varier, Stéphane Cosme, Stéphane Salzman et d'autres) je pus à nouveau, par leur intermédiaire, parcourir *Les Routes du rêve* durant un an.
En juin 1996, c'est Monique Desbarbat qui, pour raison de santé, se retirera dans sa maison de Provence. Maïté Vasseur, son assistante depuis

1988 et la réalisatrice de la plupart de mes émissions d'été, prendra la relève derrière la vitre.

⁂

La saison 1997-1998 vit l'éclosion d'une nouvelle émission en public, *Tous aux abris*, satire d'un faux service de renseignements où je jouais le rôle d'un préfet, entouré d'une bande d'olibrius et de bras cassés : de nouveau Sylvie Perez, Gwenaelle Abolivier, mais aussi Jean-Jacques Bernard, Jean-Luc Petitrenaud, Jean Dell, Gérard Sibleyras, Serge Fournel, Henri-Marc Mutel, Christian Clères, Pierre Antilogus, Laurent Tastet, Jean-Louis Festjens, Marianne James, Gustave Parking, Renaud Alberny, etc. Jean-Michel Bernard, qui a composé tous nos indicatifs depuis *Marchand d'histoires*, tenait le piano. Tous ces héros de la guerre des ombres prêts à la plus parfaite mauvaise foi pour confondre des « forcément » coupables de tous ces maux dont souffre la France assistaient une fois de plus au prestigieux défilé de victimes désignées d'office*. Hélas, il me fallut dissoudre cette police parallèle d'un nouveau genre fin juin, lorsque la maladie interrompit notre mission salvatrice. Plus grave, cette fois-ci, je dus rester six mois avant de reprendre l'antenne. De nouveau, nous reprîmes les voyages par substitution avec des

* C'est à *Tous aux abris* que Francis Lemarque fêta en chansons son quatre-vingtième anniversaire.

reporters aguerris : Gwenaelle Abolivier, Sylvie Perez, puis Anne Pastor. Vint donc l'époque de *Je vous écris du plus lointain de mes rêves*, qui me donnera, par leur entremise, l'occasion de revisiter mes pays préférés.

⁂

Il neige sur la mer.
Par le sabord de ma cabine de l'express côtier, je regarde défiler les côtes soulignées de blanc des falaises verglacées bordant l'extrême nord de la Norvège.
C'est l'un des plus beaux voyages que je connaisse. Nul besoin d'aller loin. J'ai embarqué avec le preneur de son Jean-Pierre Zing* à Bergen. Deux heures d'avion depuis Paris. Un bateau tous les jours.
À présent, nous nous rapprochons du cap Nord et, au-delà du terminus de Kirkenes, la frontière russe du Grand Nord européen.
Six jours dans ce sens et cinq pour redescendre. Un vrai périple sur un navire qui travaille, c'est-à-dire livre et délivre gens et matériaux dans les plus ou moins petits ports du parcours. Cinq minutes ici, un quart d'heure là, voire un après-midi ou une matinée selon l'importance. Un gros cargo-ferry confortable comme un paquebot, sans les contraintes vestimentaires, mondaines ou les

* Le magicien technique de *Paris Balades* avec Robert Doisneau ou d'une des dernières transhumances dans le sublime Vercors !

activités obligatoires de celui-ci. Pas de soirée de gala, de dîner du commandant ou d'excursions imposées. Juste le vent glacé, la sirène de brume, le labeur de l'équipage chargeant et déchargeant la cargaison, le mouvement des passagers montant et descendant comme les usagers d'un autobus de transport en commun à l'une des trente-six stations de la ligne. Le temps aux autres arrêts, de prendre une bière dans un bistro du port ou, si le temps le permet, d'une promenade en traîneau à chiens ou encore d'envoyer une carte postale oblitérée du cachet de la poste la plus septentrionale de l'Europe !

J'étais déjà venu en été, lorsque le soleil ne se couche jamais. Mais je crois que je préfère en plein hiver. Moins de monde, plus de temps pour lire, écrire ou simplement rêver dans cette obscurité qui recouvre toute la journée ou presque, illuminée parfois des flamboyances de l'aurore boréale !

Je ne veux pas rentrer. Je sais que c'est là mon dernier « grand reportage » – pourtant pas si lointain – pour Inter.

Coup de blues dans la nuit polaire.

Pourtant, ça n'est certainement pas la fin du voyage et du rêve...

Épilogue

« Et qu'est-ce que vous fabriquez comme métier quand vous ne faites pas le con ? » m'a demandé un jour un auditeur, croisé à la sortie d'un studio voici déjà quelques années. Sur le moment, je suis resté sans voix et j'ai failli lui rétorquer que mes heures quotidiennes derrière un micro demandaient quand même un peu de travail, personnel ou avec mes collaborateurs. Réflexion faite, je me suis convaincu qu'il m'adressait, en l'occurrence, l'un des plus beaux compliments que l'on puisse offrir à quelqu'un qui « cause dans le poste » ou exerce un métier public ! Ben oui, que tout cela paraisse naturel et sorti de votre bouche sans effort, sans préparation, sans documentation, c'est formidable ! Croire le contraire, cela ressemble au spectateur d'*Hamlet* comprenant les difficultés de l'acteur peinant à apprendre les vers du monologue pour l'ânonner en scène. Oui, le type rencontré a raison : je fais le con depuis mes débuts. Il m'a

deviné. Il a tout compris. Sur l'instant, j'ai souri en répondant : « J'ai pas encore choisi, j'attends d'être grand. » Ça a eu l'heur de le satisfaire. En moi-même, j'ai pensé : « Et c'est pas demain que je deviendrai adulte ! »
Quand j'y réfléchis, mon existence n'aura été qu'une suite de « conneries », c'est-à-dire de déconnades entre copains, collègues, auditeurs ou lecteurs. Oui, je l'avoue, mon père avait raison, je n'ai jamais exercé de vrai métier. Entendons-nous bien, je ne dis pas que ma profession n'est pas sérieuse et n'exige pas un minimum de sens des responsabilités. Dans ma petite tête, cela signifie tout simplement que, depuis un peu plus de quarante ans, je n'ai jamais ressenti cette impression de devoir bosser. D'effectuer un boulot répétitif, abrutissant, avilissant, de subir une journée de plus les sautes d'humeur ou les ordres imbéciles d'un petit chef éperdu de médiocrité, gonflé de petitesse. Comme tout le monde, j'en ai connu un grand nombre, de ces sombres crétins galonnés et patentés, de confrères jaloux, de patrons respectables ou d'abrutis lamentables ; mais ma grande faculté d'oubli instantané ou mon infinie indifférence pour l'étroitesse d'esprit des bouffeurs de liberté, et surtout la chance d'avoir réalisé mes rêves de gosse, ma « vocation », m'ont éloigné de tout cela. Il ne s'agit pas d'un contentement béat, d'autosatisfaction puérile ou sénile, le côté : « regardez ce à quoi je suis parvenu ! ». Ce dernier mot explique tout ce que « pense »

l'outre d'air qui l'exprime. Comme disait Pierre Dac : « Parti de rien, pour arriver à pas grand-chose... ».
Il ne s'agit pas de faire le paon ou de rouler des mécaniques, mais de s'apercevoir que le bilan des années passées révèle un crédit global plus important que les « moins » inscrits dans la colonne débit de la vie. Que les « pu » l'emportent sur les vaguement « voulu ». Réagir plutôt que subir. J'ai réalisé pratiquement tout ce que, enfant, je désirais. Même si le chemin m'a semblé parfois trop long à parcourir, avec ses obstacles, ses galères passagères, ses deuils immanquables, ses amours malheureuses.
Je n'ai pas conquis la gloire ou la fortune, mais je me suis bien amusé en vivant du mieux que je le pouvais, comme je l'imaginais. En gardant mes repères, mes valeurs, mes amis. Tout au moins, j'aimerais le croire. Que ce soit vraiment vrai.
Vous l'aurez compris, je ne renie pas un moment le presque demi-siècle passé dans cette maison. Tout n'a peut-être pas toujours été parfait. Un honnête purgatoire sans doute. C'est toujours mieux que d'errer dans un paradis d'hypermarché où tout a un juste prix, trop juste, bercé par des annonces de fausses bonnes affaires au rayon quincaillerie des sentiments ou lessives du passé, venant rompre la monotonie de la musique sirop ambiante et dégoulinante. Un paradis bien proche de l'enfer. Un paradis qui rime avec ennui.

Alors pourquoi décider d'arrêter un parcours aussi idyllique ? Pourquoi ne pas continuer mon petit bonhomme de chemin jusqu'à ce qu'un directeur, un président l'interrompe gentiment, m'expliquant avec force circonlocutions choisies, polies et respectueuses, vu mon grand âge, que « peut-être… tu comprends… tu dois penser à laisser la place… te reposer… euh… à cent ans… » ? Car le statut qui est le mien de « producteur délégué, rétribué au cachet » n'impose aucune date de péremption. Comme on dit, nous sommes en « gré à gré ». Et l'ancienneté incite peu la direction à montrer la porte aux vieux serviteurs. Les procès perdus et les indemnités correspondantes les en découragent fortement. Certains collaborateurs durent ainsi très longtemps. Je comprends celles ou ceux qui s'accrochent à leur micro.
« Le temps ne fait rien à l'affaire… » Il est difficile de l'admettre. Surtout pour soi-même.
Vieillir… Qu'on le veuille ou non, le corps, l'esprit subissent les contrecoups de l'âge qui avance. Évidemment, dans ce domaine comme dans d'autres, il existe des privilégiés, l'inégalité révélée. Mais l'apparence, la prestance masquent souvent la réalité que l'on veut ignorer. Tout ralentit : le pas dans l'escalier, la souplesse pour se baisser ou la force pour se lever devant sa télé ; la vivacité des répliques, la capacité d'innover, la satisfaction de créer se réduisant souvent à la belle mécanique de ses souvenirs des prouesses d'autrefois, des bons mots un peu trop

répétés... pour ne pas dire ressassés. Un présentateur de radio n'est pas un acteur qui joue à chaque séance le même rôle. Il lui faut changer de texte chaque jour, en prenant bien garde de ne pas reproduire, avec ses seuls pauvres mots, les mêmes attitudes. De pouvoir, de savoir bousculer à loisir les habitudes. Celles de ses auditeurs et les siennes.

Or, depuis le triste matin de juin 1997 où je me suis réveillé dans un lit d'hôpital inconnu, à 6 000 kilomètres de mon pays, je ne m'en sens plus la force. Le marchand d'histoires ne pouvait plus les écrire ou les raconter. Quelle punition ! Il m'a fallu tout réapprendre : respirer, émettre un son, assembler les consonnes et les voyelles, tenir un stylo, tracer des lettres, les aligner en phrases cohérentes ou tout au moins à peu près lisibles. Même apposer ma signature sur un chèque. À vrai dire, c'est cette dernière fonction, peut-être, qui m'a le moins privé ! Passons...

Heureusement pour moi, je suis revenu. J'ai repris, continué. Mais ce n'était plus pareil. Même si on m'affirmait que rien n'avait changé, que j'avais tout récupéré, je n'ai jamais réussi à m'en persuader. La fatigue était là pour m'en convaincre. D'abord, il m'a fallu changer de périodicité, passer de la quotidienne à l'hebdo, de l'hyperactivité désordonnée à l'exercice bien calibré. C'est-à-dire de la compétition au vélo tourisme de la balade dominicale.

Terminés l'angoisse bienfaitrice de la course des secondes qui impriment leurs petits points rouges sur la pendule ronde du studio, le top départ de l'indicatif, les ordres secs dans le casque « plus que quinze secondes… », le pouls qui s'affole un peu, le shunt pour le bonjour, et puis se lâcher dans le vide, accrocher, garder le rythme, le noir total, sauf ces maudits points rouges pour donner la mesure et qui se rapprochent de l'heure alors que l'on a encore tant à dire, tant de questions à poser. Le rythme, bordel ! Faut pas que ça ralentisse, faut pas que ça accélère. Vous levez la tête et, derrière la vitre, ça téléphone, ça repère un disque, ils semblent tous tellement absorbés, personne ne me regarde… donc personne ne m'écoute et les auditeurs – s'il y en a – chez eux, dans leur bagnole, leur lit ou leur bain, qui doivent avoir décroché depuis si longtemps ! Tout le monde s'en fout ? Pourquoi je me décarcasse ? Attention à la liaison, détends-toi, fais gaffe, cette plaisanterie, tu l'as… trop tard ! Rattrape-toi, une pirouette, un sourire… Tiens, voilà le dirlo qui arrive dans la cabine, lance un regard et repart aussitôt avec un assistant sur les talons, la voix dans le casque « plus qu'une minute », mince, faut que je saute deux pages sans perdre le fil ou que je sorte enfin la question qui tue… Dans l'oreille, j'entends monter les premières notes du générique de fin, faut déjà dire au revoir… Voilà, j'ai réussi à n'oublier personne. Attention, c'est pas fini et soudain, pendant le *ding ding* annonçant la pub compensée, le trou absolu : bon Dieu, comment il s'appelle, celui qui me succède après les infos ?

Ah, je ne connais que lui, je l'annonce tous les jours, du coup je ne l'ai pas écrit… Pierre… Non, Jacques Chancel, voilà… ouf… Le type du flash d'infos entre dans le studio. Mais… c'est pas… Sur le « conducteur », c'est marqué Nicolas… Oh, les rosses ! je l'ai jamais vu, lui… « Vous écoutez France Inter, il est… » Bien, l'heure qui tombe sur le quatrième top, indicatif de chaîne, un regard désespéré vers les vitres et dans le casque, enfin, un murmure : « Bernard Untel. »

— Vous retrouverez Jacques Chancel après les dernières informations présentées par Bernard Untel. Bonsoir…

Ding ding.

— Bonsoir. À Rome…

Ouah ! enlever le casque sans le poser devant le micro, sinon gare au larsen si le technicien l'a laissé ouvert, ne pas faire de bruit, ramasser ses petites affaires et sortir en silence, passer le sas et… déjà il faut penser à demain !

— Les dossiers et les livres sont sur ton bureau. Demain !

Enfin, ça, c'était hier.

Aujourd'hui, j'ai dans la tête les paroles d'une chanson de Damia, *C'est la java de celui qui s'en va, sans regarder en arrière…* Alors moi aussi je vais partir sans trop essayer de me retourner, en me persuadant du bien-fondé de mes sept ans de réflexion. J'ai vu certains de mes collègues disparaître de n'avoir pas su s'arrêter à temps, vaincus par la maladie ou par l'ennui de vivre.

À soixante ans, on se trouve plus près de la sortie que de l'entrée. Donc, autant en profiter tant que les passions, les désirs, les curiosités ne sont pas encore émoussés. Des nouveaux venus frappent à votre oreille. Donnez-leur une chance de vous séduire.

Déjà, la Maison ronde au bord de la Seine s'éloigne.

Ma maison sur la colline, perdue dans les vignes, ce n'est pas encore une maison de retraite. Ce n'est que la fin du – d'un – premier épisode.

À suivre…

Impression réalisée sur CAMERON par

BUSSIÈRE CAMEDAN IMPRIMERIES

GROUPE CPI

à Saint-Amand-Montrond (Cher)
en juin 2004

Composition : Facompo, Lisieux

N° d'impression : 042426/1.
Dépôt légal : juin 2004.

Imprimé en France